产业结构优化理论之新解

徐德云 著

中国财经出版传媒集团

经济科学出版社

Economic Science Press

图书在版编目（CIP）数据

产业结构优化理论之新解/徐德云著.—北京：经济科学出版社，2019.8

ISBN 978 - 7 - 5218 - 0925 - 1

Ⅰ.①产… Ⅱ.①徐… Ⅲ.①产业结构优化 - 研究 - 中国 Ⅳ.①F121.3

中国版本图书馆 CIP 数据核字（2019）第 199793 号

责任编辑：李　雪
责任校对：王肖楠
责任印制：邱　天

产业结构优化理论之新解

徐德云　著

经济科学出版社出版、发行　新华书店经销

社址：北京市海淀区阜成路甲 28 号　邮编：100142

总编部电话：010 - 88191217　发行部电话：010 - 88191522

网址：www. esp. com. cn

电子邮件：esp@ esp. com. cn

天猫网店：经济科学出版社旗舰店

网址：http：//jjkxcbs. tmall. com

固安华明印业有限公司印装

710 × 1000　16 开　13.5 印张　220000 字

2019 年 11 月第 1 版　2019 年 11 月第 1 次印刷

ISBN 978 - 7 - 5218 - 0925 - 1　定价：58.00 元

（图书出现印装问题，本社负责调换。电话：010 - 88191510）

（版权所有　侵权必究　打击盗版　举报热线：010 - 88191661

QQ：2242791300　营销中心电话：010 - 88191537

电子邮箱：dbts@ esp. com. cn）

谨以此书献给

我的祖父

徐讳顺庄先生

前　言

　　中国古代是一个以儒家文化为官方意识形态的农耕社会。聚族而居、日出而作、日落而息、精耕细作的农业文明使华夏民族生生不息，薪火相传。然而，产业革命后，西方列强、沙皇俄国和日本等先后实现了工业化，从而对农耕社会的中国形成了绝对性代差优势。"落后就要挨打"。果然在此后一百多年间，中华民族陷入了深深的苦难和屈辱之中。事关存亡，历史警示我们，中国必须走工业化道路，全面实现经济社会转型。

　　作为近代中国工业化的开端，为了自救，晚清统治集团开展洋务运动，创办军事、民用工业，并配套地创建了新式海陆军和新式学堂。在一定程度上，洋务运动促进了中国民族资本主义的产生，并抵制了外国资本的入侵。然而，在不触动腐朽的封建制度前提下，它只能是仅仅代表少部分官僚、资本集团利益，这就意味着，它必然以失败而告终。

　　旧中国在帝国主义、封建主义和官僚资本主义的长期统治下，经济极端落后，工业规模狭小，技术装备低劣，重工业基础薄弱，不能独立自存。

　　中华人民共和国成立后，百废待兴。历史给予新中国的重大任务就是要从根本上解决人民群众的生活问题，要实现各项事业的全面发展。为此，新中国有计划、有重点地开展了工业建设。1949 年 11 月 17

日，全国煤炭会议确定了以恢复为主，新建、改建以东北为主产地的煤炭生产方针。同年 12 月 16 日，全国钢铁会议部署了 1950 年钢铁生产的计划工作。根据过渡时期总路线要求，毛泽东主席作出了"三年准备、十年计划经济建设"的战略安排。从 1953 年开始，新中国实施了国民经济第一个五年计划。"一五"计划以苏联援助中国的"156 工程"为中心，涉及能源、军工、化工等多个方面。在苏联的援助和自身的努力下，中国逐渐形成了初步的工业体系，为后来改革开放经济腾飞夯筑了坚实的基础。

在 1978 年实施改革开放后，国家强力推行工业化进程的力度有所减弱，主要着力于社会主义市场经济体制建设。这一工作大致在 20 世纪末基本完成。到 21 世纪初，中国经济取得了为世界瞩目的巨大成就，近年来终于成为世界第二大经济体，其中制造业甚至超越美国而成为世界第一。在中国共产党的正确领导下，中国最终完成了从农耕到工业化的社会经济转型。中华民族在伟大复兴的道路上正阔步向前。

从经济学角度来看，工业化就是产业结构的升级，归属于产业经济学研究范畴。作为一个理论，而产业经济学形成较晚。当然，从终极性上来说，产业经济学根源于社会性产业实践活动；但从直接性上来说，是在第二次世界大战后，在日本、韩国为振兴本国经济而推动发展起来的。我国引入了产业经济学后，产业经济学理论为我们国家培养了一大批产业经济学方面的人才，也为我国政府制定各种产业政策提供了理论依据。

作为产业经济学理论的一个重要构成部分，产业结构优化理论在我国工业化进程中也相应发挥了它应有的作用。现今的产业结构优化理论由"产业结构合理""产业结构高度化""主导产业"和"地区产业结构优化理论"这四个部分构成。从单纯的产业结构优化理论来说，所谓产业结构优化，研究的就是产业结构合理化和产业结构高度化。从理论内部关系来说，"主导产业选择"研究的是，如何实现产业结构高度化，而地区产业结构优化则是在服从总体目标下，一个国家内部各地区的产业结构子系统实现自我优化的理论。

在经济学理论体系中，产业优化理论注重实践效果，而理论发展不够。以描述为主，缺少论证，这就使其孤立于宏观经济学、微观经济学理论之外，而没有衔接，缺乏内在联系。为革此弊，本书力图使之完善和改进。首先，确定研究对象为宏观意义上的三次产业结构。其次，从短期和长期视角研究产业结构优化理论即短期产业结构优化研究的是产业结构均衡，也就是在技术进步、消费偏好既定时，如何使现有既定的经济资源产出最大，这一命题的实质就是产业结构安排问题；而长期产业结构优化研究的则是存在技术进步或经济资源增加时，经济增长和产业结构升级之间的理论关系。

本书的研究重点在于，依据宏观经济学理论的框架体系，尝试从宏观经济学角度对产业结构优化理论做出新的解释，而对于我国产业结构优化的实证研究不是我们的重点，因为在这一方面国内学者对此课题的研究已经达到了一个很高的水准。本书内容共分设七章。除绪论外，分三个部分论述主题。第一部分包含第二、第三章，主要研究产业结构优化的基础理论。第二部分包含第四～六章，在宏观经济学研究框架下，通过建立数理模型，深入研究了产业结构优化理论。第三部分包含第七、第八章，主要依据我国产业结构数据对前面所建立的产业结构优化理论加以验证，最后对我国产业结构优化问题进行了简单的实证分析，再依据我国产业结构实际发展来对新建的产业结构优化理论进行实际验证。最后提出相应的政策建议。

目 录

第一章

绪　　论

第一节　研究背景及问题的提出

自 17 世纪中叶起，经济学的正式地位确立，至今已历经了几百年的发展（陈孟熙，1999）。在理论上，经过几次革命，经济学获得了很大的发展，但仍存在尚待解决的问题，如现代宏观经济学不能反映分工，缺乏微观基础，是从总量上，没有从结构上认识、解释经济。

虽然产业结构理论注重结构研究，理论发展较快且对指导经济发展的实践发挥了重要作用，但在西方经济学科体系中并没有成为独立的分支，而是作为重要内容纳入了发展经济学或增长经济学的理论框架（戴伯勋，2001）。其中，"结构转型"或者称为"结构变迁"是发展经济学结构主义学派的研究重点，钱纳里（1987）将其定义为反映资源配置格局转移的需求、生产、贸易和就业构成的一组互相关联的关系变化，而赛尔奎因（1988）则将其定义为各生产要素主导的部门在经济中相对地位发生了改变，工业化即是结构变迁的中心过程。可见，广义的"结构转型"包含了狭义的"产业结构转变"，而赛尔奎因定义中的"部门地位"指的就是"产业结构"（马颖、陈波，2006）。此后，新结构经济学着重强调了产业结构在经济发展中的重要作用，并指明其优化及升级的关键在于要素禀赋结构（林毅夫，2010；林毅夫，2013；张世贵，2019）。

第二次世界大战后，世界各国政府在实践中对产业理论予以充分重视，如日本政府推行了产业政策并获得很大的成功。改革开放40年来，中国政府持续大力推行产业政策，中国经济增长稳定，已经是世界第二大经济体。但是也存在一些问题，如生产结构比例不协调、生产效率偏低（张立群，1992）、区域收入差距逐渐扩大（韩建雨，2011）和环境污染等（李晓西等，2014）。虽然产业政策目标明确，采取多种政策手段组合且长期坚持，但在某一些领域，其效果并不明显，不但没能解决长期存在的结构性问题，而且还出现了一些新的结构性问题，如农业生产结构的优化和升级问题（左代富，1992）、国民收入增长结构不合理（韩康，2007）和产业结构、投资消费结构、区域经济结构、国际收支结构不断恶化问题等（刘燕妮，2014）。

针对这种局面，以及中国产业结构存在的问题，早在1996年，江小涓便提出了几种可能的原因，其中一条就包括产业政策所依据的产业经济学理论存在不足。虽然产业经济学理论在近年来得到了很大的发展，但是还没有形成一个完整的理论体系。作为宏观与微观相结合的中观理论，现今的产业结构理论尚难以很好地解释微观与宏观的联系。对下列问题，现今的产业结构理论还不足以提供使人满意的回答。

（1）什么是均衡的产业结构，它的定义、条件、前提是什么？

（2）产业结构升级本身的机制是什么，如何测量？

（3）经济周期、增长与产业结构均衡、产业结构升级存在什么关系？

基于以上这些背景，本研究试图做出一些尝试：一是在理论方面，把"产业结构"和理论经济学的问题、研究方法相结合，试图从产业结构优化的视角解释主流经济学所关注的问题——国民收入决定、经济周期和增长。二是在实践方面，运用所建立的产业结构优化理论，对我国产业结构均衡和产业结构升级的现状进行分析，对其状态、程度分别予以量化，并由此提出产业结构优化的对策建议。

第二节 国内外研究现状

一、国内研究现状

关于产业结构理论在国内的研究主要集中在一些基础理论方面。产业结构这一经济范畴是一个国家经济发达程度和国际经济竞争力强弱的反映。对其含义，经济学家存有争议，龚仰军（1999）认为"各产业是在其经济活动过程中形成的技术经济联系以及由此表现出来的一些比例关系"。周振华（1995）认为"在整个经济系统中，产业结构是作为有别于分配结构、资源结构、需求结构等，而又与其他子系统相联系的、存在的"。杨治（1985）认为"描述产业之间的关系结构"。综观这些观点，本质上还是基本一致的。作者认为，定义关键在于用什么标准划分产业结构。本书的研究使用尺度为最终消费品，从广义上看，产业结构就是以产业为特征的各种变量结构的统称；从狭义上看，使用产业结构术语时，把产业结构作为以产业为特征的产业供给结构来对待。

关于产业的划分，由于视角不同，也存在多种分类。具体有，三次产业分类法、国家标准分类法、国际标准分类法、生产流程分类法、关联分类法、两大部分类法、农轻重法、产业发展阶段分类法、生产要素分类法、四次产业分类法、霍夫曼分类法以及钱纳里—泰勒分类法等（戴伯勋，2001；苏东水，2003）。关于产业分类方法的差异主要有两个目的，用于核算和建立模型以便于理论研究，前者目的的产业划分差异很少，而后者则差异很大，说明为建立理论研究，可以根据需要对产业进行一些不同的划分。

相比于产业结构理论，我国在产业结构实证方面研究更为丰富。在实证方面，自改革开放以来至 20 世纪末期，我国产业结构变动的主要特征可粗略划分为两个阶段：一是 1978 年至 20 世纪 90 年代中期为产业结构扩展阶段；二是 20 世纪 90 年代中期以来至 21 世纪初的产业结构优化阶段。转型经济时期中国产业结构调整的体制特征表现为：产业结构调整中，市场和政府的双重影响；中央政府影响力的弱化与地方政府影响力的强化；"过度竞争"与"冷反应"；从"进口替代"转向"出口替代"的"溢出效应"（周冯琦，2000）。孙军（2008）通过实证分析，认为后发国家政府制定、实施的技术创新鼓励政策能够有效地促进其产业结构升级。

关于我国长期以来，尤其是在 20 世纪末期以前一段时期内，在产业结构"失调"上认识较为一致，大致可归纳如下：一是第一产业基础相当薄弱，与第二产业、第三产业的发展不相适应；基础工业、基础设施相对落后，与高速发展的加工工业不协调。二是劳动力充足与资金、技术短缺并存，资源结构与产业结构高度化升级的需求不匹配。三是产业结构中的地区结构趋同化问题十分严重。

对 20 世纪 80 年代、90 年代我国产业结构失衡解释的原因比较具有代表性的观点主要有两种（荣宏庆，2002）：一种是归结为历史原因。新中国成立后，由于违背了产业结构演进的一般规律，采取了不正确的产业政策，使我国产业结构经历了两次人为的超前转换（分别是 20 世纪 50 年代和 60 年代），导致产业结构失调。另一种是归结为现实原因。其中特别突出的有，地区性倾斜政策加剧了产业结构不合理的程度，这是比较主流的观点。

改革开放初期对我国东部沿海地区实行地区倾斜政策，使本来就存在的东西部差异进一步拉大，产业结构更趋于不合理；重工轻农的产业政策，投资结构不合理，对第二产业投资较多，而第一、第三产业投资较少，结果使三次产业的供给能力发展不协调。国内学者所提出的政策主要有：要正确处理地区利益格局同产业结构调整的关系，在国家产业政策的指导下，制定合理的地区产业政策，解决地区产业"同构化"问题，促使地区经济发展符合全国经济总体布局的要求；要制定和实施产业结构调整的一系列配套政策措施，包括价格政策、财政政策、税收政策、投资政策、信贷利率政策等，以保证和促进产业结构的调整（殷宁宇，2018）。

对我国产业结构失衡的政策调整，收效不大，原因是多方面的，主要表现在以下八个方面：宏观上缺乏明确有力的产业发展规划和产业政策；对"生产优先"原则的绝对化和对产业政策的神化；就业压力大，社会保障体制不完善；我国产业退出壁垒一直过高；地方政府权力膨胀，宏观调控难以到位；地方政府面临的政绩压力和追求个人收入也是阻碍产业结构调整的重要因素；政府对优势企业的扶持不力；产权改革不到位，企业在兼并、合作及破产时受到地方政府以及行业主管部门的干预太多，也影响产业结构调整（徐晨光，2000）。而应对措施则是转变经济发展方式，由片面追求速度转向多维度的质量提升，如要素质量、过程的把控、环境质量等（朱方明，2014）。张银银（2018）也提出，为促进经济高质量增长，需要跳出高速增长下产业政策导向范式，转向重效率、优化公平竞争的制度环境；重创新，寻求产业发展新增长；重公平，识差距补短板；重绿色，实现绿色政策全产业链覆盖；重融合，实现跨界提升。

产业结构优化升级是目前我国产业结构战略性调整的重点，促进产业结构优化升级自然也就成为市场机制作用的出发点和目标。那么，在实践中，发挥市场的作用必须从影响产业结构优化的主要因素入手进行分析：一是国有企业改革问题；二是技术创新问题（沈爱华，2002）。同时，优化对外贸易结构，充分发挥其对我国产业结构升级的促进作用（史长宽，2019）。马微和惠宁（2019）发现良好的金融结构和市场环境能够有效推动产业结构升级。

从我国产业政策实践方面来看，国内外很多学者都提出诸多研究，对它们的归纳总结，主要有以下几点：

（1）就我国产业结构失调来说，存在失调已成共识，问题是我国产业结构失调必定有一个度，那么这个度如何测量；在产业结构升级方面，我国产业结构处在哪一种高度。在时间动态上，我国产业结构是否趋于均衡，是否升级，速度又是多少。

（2）长期以来，导致我国产业结构不均衡的原因有很多。可以说，所有国内学者提出的成因都是我国产业结构存在问题的原因。所有这些原因之间不可能是并立关系，不可能都独立地直接影响并导致我国产业结构不均衡。其中，有些是独立地直接影响，有些是伴生于其他原因，有些是偶然随机性的，有些起传导中间作用……这些原因之间以何种联系和方式影响我国产业结构，最重要的根本原因是什么。这些问题都需要得到解决。

（3）如何确定形成我国产业结构不均衡的根本原因，针对这些根本原因，如何采取最有效的措施以促使我国产业结构迅速达到均衡状态，并努力推动我国产业结构高度升级。

二、国外研究现状

（一）经济结构主义

从方法论上，结构属于哲学范畴，表现为结构主义。结构主义从根本上说是向经验主义和实证主义的假定进行挑战的一种认识世界的方法。在文学批评、语言学、美学、建筑学和社会科学等各种学科中，都有其踪影。毫无疑问，经济学的理论大厦也是离不开结构主义的。

结构主义的基本特征是它把研究对象作为一个"体系"，不是孤立的，而是有联系地研究内部具有差异的各组成部分之间的相互关系，在人类学中，结构主义与莱维—施特劳斯（Lévi－strauss）和戈德利耶（Godelier）的名字联系在一起。在马克思主义思想中，其结构思想主要来源于阿尔蒂塞，目的是利用生产方式的内在结构来解释社会现象（John Eatwell，1996）。

在经济学中，结构主义首先是起源于联合国拉丁美洲经济委员会的思想学派，特别是与它的第一任主任劳尔·普雷维什（Raul Prebisch）的著作联系在一起（John Eatwell，1996）。核心思想是：世界经济由"中心"和"外围"两级组成，每一极的生产结构都存在重大的差异。"中心"被看作是同质和多样化的，而外围的市场结构是异质和专业化的。对于异质，原因是在生产中存在显著不同的生产率，一端是劳动生产率较高的出口部门，另一端是劳动生产率很低的温饱型农业。对于专业化，由于出口部门集中生产少数初级产品，其特征是生产被限制在外围经济结构的"飞地"之内，而与国民经济其余部分的前后联系非常有限。在国际分工的每一级的不同职能背后产生并存在着这种类型的经济结构。在国际经济一体化的进程中，国际分工的深化又强化了这种差异性的经济结构。

（二）产业结构理论

产业结构理论是西方产业经济理论的重要内容，主要研究产业之间的相互关系及其演化的规律性。研究广义的三次产业之间的关系，可追溯到 17 世纪英国古典政治经济学家威廉·配第，在《政治算术》这本名著中，他利用大量的英国、法国和荷兰的统计资料，论述了制造业比农业，进而商业比制造业能够获得更多的收入。并且他还指出，这种产业之间相对收入上的差距，是成为劳动力在产业间流动的重要原因（杨公朴，1998）。

作为一个经济学专业术语，三次产业是在 20 世纪 30 年代由英国经济学家阿·费希尔在《安全与进步的冲突》一书中首先提出的。此后，英国经济学家克拉克在威廉·配第和阿·费希尔研究成果的基础上，运用许多国家的大量经济统计资料，进一步研究并揭示了经济发展中劳动力在三次产业之间的分布和转移的规律性，这就是后人所称的"配第—

克拉克定理"。

到 20 世纪中叶后期，美国和日本的一些经济学家对产业结构理论从高度和深度上做了进一步的研究，特别是美国经济学家库兹涅茨广泛收集和整理了 20 多个国家的资料，深入考察了经济发展中国民收入在三次产业间分布结构的演变趋势，并做出了杰出的理论贡献。

关于标准产业结构的建立，钱纳里运用库兹涅茨的统计归纳法，得出一个产业结构标准，用以判断经济发展不同阶段上的产业结构是否达到了合理化。但是，这种标准模型不具有一般性，只有在现实经济背景非常相近，变化不大以及短期的情况下，才具有一定的参考价值，理论及现实意义不大。

与产业结构理论相联系的还有产业关联理论。它从技术经济的角度描述了产业之间的关联和关联方式。对产业关联理论做出重要贡献的是美国经济学家里昂惕夫，他创造了投入产出法，通过投入与产出关系来分析研究产业间的关系。

第三节　研究思路与方法

我们从理论和实证两部分来研究产业结构优化。从理论上来说，经济存在结构，只有把握了经济结构才能认知经济运行的机制；只有了解经济的运行机制才能使我们认识经济，找出问题的原因，最终给出正确的政策或给出解决问题的方法。

基于这样一种认识，所进行的研究思路是（见图 1-1），先从结构入手研究产业结构。在研究产业结构时，根据初始禀赋、制度和技术在短期不变动，在长期变动的情况下，对产业结构加以研究。在短期主要研究产业结构均衡；在长期主要研究产业结构升级，对此分别提出它们的产业特征并加以论证。

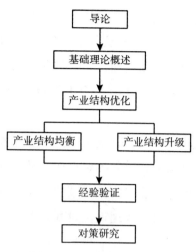

图 1 - 1　研究的总体思路

在实证部分，一是通过计量经济模型，利用我国的统计数据验证产业结构均衡偏离和经济波动之间的理论；验证产业结构升级和经济增长之间的理论。二是运用业已建立的产业结构优化理论对我国产业结构进行实证分析，最后给出相应的对策建议。

在研究的方法方面，研究采用逻辑分析为主要研究方法，定性与定量分析相结合，理论与实际相结合。具体方法如下：

（1）概念界定。凯恩斯曾说过这样的话，"在经济学研究中，第一重要的是对名词的定义"。只有严格的定义，才能进行经济学研究。在产业结构理论中，所使用的产业、产业结构、产业结构均衡和产业结构升级并没有经过严格定义，至少没有一个统一的定义。在本书第三章中，主要对本研究所涉及的这些名词进行界定。而这些界定显然并不是复述业已存在的定义，而是都有所突破和发展。本书随后的理论研究和实证分析都是建立在这一章的定义之上的。

（2）对经济行为的心理学和伦理学分析方法。在产业需求结构决定和动态演进上，结合心理体验规律，研究认为人们对三次产业的需要是不同的。即农产品的需要是最强烈且最短暂的，服务业产品需要最淡泊却最持久，加工制造业产品处于中间位置。从顺序的优先级上分别是人类最先满足农产品的需要，工业品其次，服务业居最后。再结合效用论，得出结论：随着收入不断增加，第一产业、第二产业的产品需求下降（其中，第二产业产品的需求有一个上升过程），第三产业产品需求不断增加。

（3）演绎与归纳的逻辑方法。研究注重定性分析，强调因果之间的逻辑关系。如在研究结构上，首先界定产业，从产业结构等相关名词入手，长期和短期分别研究产业结构优化理论，运用我国和其他国家的实践对理论进行经验验证，最后运用理论对我国产业结构进行实证；在理论构建方面，先提出假定前提，建立模型，推导并论证结论。在实证方面：运用理论、发现问题、找出原因，由此提出对策。

（4）运用数学构建定量和计量模型。在研究中，大量运用数学语言描述经济以及建立相关函数。例如使用向量描述经济结构和产业结构，使理论表述简洁而严密。在实证中使用计量经济模型进行理论验证和实证分析。

（5）使用均衡分析和比较分析。均衡分析是经济学的重要分析方法。几乎所有宏观经济学学派的理论都是围绕各自的均衡而建立的。同样，本书研究的产业结构优化理论核心是奠定在帕累托最优的一般均衡理论之上。在实证中，研究采取了比较分析方法，通过中美比较，得出我国产业结构均衡偏离度很大，产业结构级别很低，以及产业结构趋于均衡、升级的速度尤其缓慢的结论。

第四节 研 究 内 容

本书的目标在于从宏观经济学角度对产业结构优化理论做出一个新解释，然而运用这一理论对我国现实的产业结构优化问题进行实证分析，并不是本书特别关注的重点，仅仅只是做一个简单的分析而已。遵照上述思路框架，研究内容共分设八章。除绪论外，分三个部分论述主题。其中，第一部分包含第二、第三章，主要研究产业结构优化的基础理论；第二部分包含第四、第五、第六章，主要研究产业结构优化的基本理论；第三部分包含第七、第八章，主要依据我国产业结构数据对前面所建立的产业结构优化理论加以验证，最后对我国产业结构化问题进行了一个简单的实证分析。本书具体结构和主要内容如下：

第二章　现有产业结构优化理论发展与评述

主要回顾了现有产业结构优化理论的主要内容，包括产业结构优化、主导产业选择和地区产业结构优化三个部分。其中，产业结构优化分为产业结构合理化和产业结构高度化。

第三章　基础理论概述

首先，从结构入手，对经济结构、产业结构分别予以论述。按照最终消费品来确定经济结构把国民经济总体划分为不同的组成部分。在一个经济社会中，最终消费品的种类很多。我们根据收入弹性的高低把最终消费品划分为三个档次的产品结构，从而把所有最终消费品归类划分为三次产业。还需说明的是，生产资料性质的制造加工业产品是物化的劳动。作为生产最终消费品的中间产品，我们认为，为哪一个产业生产提供资本服务的资本品，其价值等一切经济行为都归到该产业中去，并没有全部归类到第二产业中去。

其次，分析了三次产业产品的实物、价值构成及补偿。经济是分工的，某一个产业所生产的产品是最终消费品，在生产过程中，其最终消费品要经过两个生产部门，即资本品生产部门和消费品生产部门。三次产业的产品在最终消费品市场进行交换，三次产业的产品价值实现（获得收入），每个产业又通过生产资料市场所形成的价格，分别在各产业资本品生产部门和消费品生产部门进行价值分配。

最后，研究认为国民收入结构由产业总供求结构决定。产业总供求结构有长期、短期的变动。在短期变动中，社会没有技术进步，劳动力总量结构不变，资本品总量结构不变，从而社会最终消费品的总量结构也保持不变。在长期中，劳动力结构和技术进步的变化路径具有不确定性，从而使产业总供给结构在长期的变化路径中具有不确定性。在短期，由于收入、偏好不变，产业需求结构也保持不变。在长期中，产业需求结构随着收入增加而按一定的轨迹有规律地变化。

第四章　短期产业结构优化——产业结构均衡

研究产业结构优化分为长期和短期，以经济社会的最大生产能力是否改变为划分依据。短期产业结构优化就是研究产业结构均衡；长期产业结构优化则是研究产业结构升级。在一定的前提假定条件下，通过用数学方法推导论证了长期、短期产业结构均衡的条件，并指出了它们的经济特征。在短期，产业结构均衡时，经济社会具有的特征是劳动力市场、产品市场都出清，社会充分就业；产业之间没有营业利润，收入公平；经济没有波动；经济实现均衡增长以及经济实现了社会生产和交换的帕累托最优，而且论证了产业均衡结构是唯一的。如果产业结构不均衡，经济必然存在波动，与产业结构均衡相比，经济总量下降，产业中存在利润和亏损，社会就业不充分。

第五章　长期产业结构优化——产业结构升级

在长期，在产业结构已均衡的条件下，经济增长下的产业结构即产业结构升级理论。它们之间的关系是，技术进步导致产业结构升级，进一步经济的人均量得以增长。这种关系是一维的。没有技术进步，产业结构不可能升级，经济的人均量不会增长。

第六章　产业结构升级形态的决定与演进

从产业结构视角来看，产业结构升级形态由产业需求结构演进决定。其原因在于：不同商品消费的偏好存在差异，随着收入增加，这种差异使得它们的效用函数在演进时所遵循的路径各不相同，从而呈现出消费结构升级，进而是产业结构升级的特征。

依据产业结构升级这一理论，对国民经济三次产业的结构升级及演化路径进行了相应的分析。

第七章　产业结构优化理论的经验验证

主要利用我国自 1952～2018 年的统计数据对以上所建立的理论进行验证。一是通过我国经济周期和我国产业结构偏离度之间的对比，检验产业结构偏离度和经济周期波动的理论。二是对我国经济增长和我国产业结构升级之间的理论进行检验。

第八章　中国产业结构优化的简单实证

从产业结构优化理论上来说，实现短期产业结构优化的经济政策就是，一要保证市场是完全竞争的；二要要求市场对供求机构的调整功能要健全。长期产业结构升级的政策就是要保证人口增加和技术进步，前者能提升这个国家经济规模；后者能提升人均经济量。依据这一促进产业结构优化的理论性政策，我们从战略目标、制度、发挥政府对产业结构优化的作用、完善市场体系、保证技术进步和提升综合国力，为中国产业结构优化创造良好的国际环境等方面对我国产业结构优化提出了政策建议。

第五节　主要观点和创新

由于"产业"的定义具有多层次，因而在研究产业结构时就必须明确产业的内涵。把同类生产最终消费品的集合体归为一个产业，其产业链采用纵向一体化方式，把从初始投入到最终消费品的产出都包括在内。国民经济就由这些生产各种异质最终消费品的不同产业构成，再加上它们之间的比例关系，从而就表现出产业结构特性。

产业划分的多层次性也可使得产业结构可趋向于宏观性，也可趋向于微观性。仅仅以最终消费品为划分标准所构成的产业结构层次太多，在此按照最终消费品的收入弹性低、中、高为标准把整个国民经济划分为三次产业。显然，这种三次产业趋向于宏观经济研究。

以经济社会的最大生产能力是否改变为划分依据，把产业结构优化的研究分为长期和短期。

短期产业结构优化研究的是：在技术进步不变，如何用既定的经济资源生产出最大的国民收入。其一阶最优条件是：当不同产业生产不同产品时，如果投入到每种产品的单位劳动力所创造的效用相同，则社会经济福利实现最大化。当经济社会满足这一条件时，产业结构就达到均衡状态，经济社会具有的特征是：

（1）劳动力市场、产品市场都出清，社会充分就业。

（2）产业之间没有营业利润，收入公平。

（3）国民收入达到最大。

（4）经济实现了社会生产和交换的帕累托最优。

（5）产业均衡结构是唯一状态。

如果产业结构不均衡，经济必然存在波动，与产业结构均衡相比，经济总量下降，产业中存在利润和亏损，社会就业不充分。

除了一阶最优条件外，通过国民收入核算，进一步地发现，产业结构处在均衡状态时，国民经济中各产业的劳动—收入比相等，且等于1，由此设计了指标可测定产业结构是否处在均衡状态，或者测定偏离均衡状态程度的大小。

长期产业结构优化研究的是在产业结构已均衡的条件下，经济增长与产业结构之间的理论联系。其结论是：

（1）在长期中，人口增长只会使经济总量增长，但人均量保持不变，产业结构保持不变，不存在产业结构转换或升级问题。

（2）只有技术进步能使国民经济中的人均量增加，同时产业结构升级。

（3）产业结构升级是经济增长的机制，只有产业结构升级才会有经济增长。存在经济增长时，产业结构必然发生升级，或者说产业结构出现升级，经济必然会增长，二者一一对应，缺一不可。

第二章

现有产业结构优化理论发展与评述

改革开放 40 年来，我国经济取得了极大成就。产业经济学对我国制定产业政策方面从理论上做出了应有的贡献。作为教材来说，在全国影响最大的是苏东水主编的本科教材《产业经济学》。作为现有的产业结构优化理论，所论述的内容由四个部分构成，即产业结构合理化、产业结构高度化、主导产业选择和地区产业结构优化。

第一节　现有产业结构优化理论概述

产业的概念随着社会分工的产生而产生。但是，产业结构的概念产生的比较晚，一般认为，产业结构概念的应用始于 20 世纪 40 年代。且开始应用时，这一概念的意义和定位还十分混乱：它既可以用来解释产业间与产业内部的关系，也可以用来解释产业内企业间的关系结构，以及地区间产业分布。随着产业经济学研究的不断深化，产业结构的概念和研究领域也逐步界定下来。产业结构是指产业间的技术经济联系及其联系方式。实际上，根据产业结构研究的内涵和外延的不同，对产业结构的研究有"广义"和"狭义"之分。

一种狭义的产业结构理论观点认为：产业结构是研究分布在国民经济各产业中的经济资源之间的相互联系、相互依存、相互提升资源配置效率的运动关系，这是"产业发展形态理论"的观点。

另一种广义的产业结构理论观点认为：产业结构是研究产业间技术经济的数量比例关系，即产业间的"投入"和"产出"的数量比例关系。这是"产业联系理论"的观点。

一、产业结构优化的含义

产业结构优化是指推动产业结构合理化和高度化发展的过程，前者主要依据产业关联技术经济的客观比例关系，来调整不协调的产业结构，促进国民经济产业间的协调发展；后者主要遵循产业结构演化规律，通过创新，加速产业结构的高度化演进。

产业结构优化过程就是通过政府的有关产业政策调整影响产业结构变化的供给结构和需求结构，实现资源优化配置与再配置，来推进产业结构的合理化和高度化发展。

二、产业结构优化的主要内容

包括产业结构优化的目标、对象、措施（手段）、政策等。从产业结构优化的对象角度来说，主要包括如下几个方面：

1. 供给结构的优化。供给结构包括资本结构、作为供应因素的投资结构、劳动力供给结构、技术供给结构，以及资源禀赋、自然条件和资源供应结构等。产业供应结构优化就是要对这些因素进行结构性调整。

2. 需求结构的优化。需求结构包括政府需求结构、企业需求结构、家庭需求结构或个人需求结构，以及中间产品需求与最终产品需求的比例；还包括作为需求因素的投资结构、消费结构，以及投资与消费的比例等。产业结构优化也要对这些因素进行结构性调整。

3. 国际贸易优化。国际贸易结构包括不同产业间的进口结构和出口结构，也包括同一产业间的进出口结构（即进口和出口的比例）。产业结构优化也要对国际贸易结构进行优化。

4. 国际投资优化。国际投资结构就是指对外投资与外国投资的比例结构，以及对外投资在不同产业之间的比例和外国投资在本国不同产业之间的比例及其各种派生的结构指标。产业结构优化也要对国际投资结构进行优化。

三、产业结构效应

产业结构效应，是指产业结构变化的作用对经济增长所产生的效果。产业结构的高变换率之所以能够导致经济总量的高增长率，就是产业结构效应在起作用，主要是产业的关联效应和产业的扩散效应。

产业的关联效应就是指一个产业的生产、产值、技术等方面的变化通过它的前向关联关系和后向关联关系对其他产业部门产生直接和间接的影响。

罗斯托在他的《从起飞进入持续增长的经济学》一书中阐述了主导产业的扩散效应。扩散效应具体表现在三个方面：回顾效应、旁侧效应和前向效应。

四、产业结构优化的机理

产业结构优化的最终目的是实现国民经济的持续快速增长。但是，从产业结构优化到国民经济的持续快速增长是如何转化的呢？以下就来分析产业结构优化的机理。

产业结构优化的机理就是通过四步过程实现国民经济的持续快速增长，即调整影响产业结构的决定因素；产业结构得到优化；产业结构效应发挥作用；国民经济得到持续快速发展。

第一，调整影响产业结构的决定因素。这些决定因素从供给的角度来说包括供给因素和需求因素；从投入产出的角度来说包括投入结构和产出结构。调整产业结构的决定因素就是要调整供给结构和需求结构，也就是要调整投入结构和产出结构，其中包括调整国际贸易结构和国际投资结构，从而改变产业结构。

第二，产业结构得到优化。产业结构优化既是产业结构调整的目的，也是产业结构调整的结果。产业结构优化的结果一方面是产业结构的高度化，另一方面是产业结构的合理化。

第三，产业结构效应发挥作用。产业结构效应是指产业结构的变化对经济增长的影响程度。产业结构的优化必然对经济增长产生积极的作用。

第四，国民经济在产业结构效应的积极作用下取得比正常增长速度快得多的增长。

第二节 产业结构的合理化

一、产业结构合理化的含义

（一）产业结构合理化的概念

指产业与产业之间协调能力的加强和关联水平的提高，是一个动态的过程。因此，产业结构的合理化要解决的问题包括：供给结构和需求结构的相互适应问题；三次产业以及各产业内部各部门之间发展的协调问题；产业结构效应如何充分发挥的问题。产业结构不协调，其主要原因有两个：

1. 供给结构的变化不能适应需求结构的变化。其表现形式有三种：

（1）需求结构变化，供给结构不变，造成供应不足。这是因为供给结构的刚性导致对市场灵敏性不够，供给结构在需求结构变化以后的一定时期内继续保持不变。

（2）需求结构变化，而供给结构的变化滞后，造成供应滞后。主要是时滞造成的。从需求结构的变化到供给结构的变化之间存在一个时滞问题，但时滞的长短有一定适应性，时滞过长必然出现产业结构不协调。

（3）需求结构变化，供给结构的变化过度，造成供应过剩。

2. 需求结构的变化不能适应供给结构的变化。这种情况主要有四个方面：

（1）供给结构变化，需求结构不变，造成需求不足。例如，由于人均收入水平不高，高档商品的出现无法吸引低收入阶层的光顾。又如，经济发展处于低潮时期的利率降低，资金供应量增加，但它仍然没有刺激投资需求的增长。

（2）供给结构变化，需求结构的变化滞后，造成需求滞后。从供给结构变化到需求结构变化也同样存在时滞问题，但时滞过长必然造成供给结构和需求结构不相适应，进而造成产业结构失调。

（3）供给结构变化，需求结构的变化过度，造成需求过度。例如，新技术促成了新产品的出现，但一时生产能力还不足，或者还没有形成规模的生产能力，或者资金、人才的原因，短时期内满足不了快速膨胀的需求。对紧俏商品的抢购风潮就是典型例子。

产业结构趋于合理化的标志是：能够有效地利用本国的人力、物力、财力以及国际分工的好处；使国民经济各部门协调发展，社会的生产、交换和分配顺畅进行，社会扩大再生产顺利发展；使国民经济持续稳定增长，社会需求得以实现；能够实现人口、资源、环境的良性循环。

（二）产业结构合理化的内容

协调是产业结构合理化的中心内容。产业之间是否处于协调状态，一般可以从以下几个方面进行观察和分析：

1. 看产业之间是否协调，即相关产业之间是否存在技术水平的断层和劳动生产率的强烈反差。如果存在着断层和强烈反差，产业之间就会产生较大的摩擦，表现为不协调。

2. 看产业之间的联系方式是否协调。协调的产业之间的相互联系方式有两个基本特征，一是相互服务，即各产业部门在投入产出联系的基础上互相提供帮助；二是相互促进，这意味着一个产业的发展不能以削弱另一产业的发展为代价。如果各产业之间能够做到相互服务和相互促进，那它们之间的这种联系方式就是协调的。

3. 看各产业之间的相对地位是否协调。在一定的经济发展阶段上，各产业的经济作用以及相应的增长速度是不同的，因而各产业在产业结构中所处地位也不同，从而形成各产业之间有序的排列组合。如果各个产业主次不分、轻重无序，则产业之间的相对地位就是不协调的。

4. 从供给是否与需求相适应来判断产业之间是否处于协调状态。在需求正常变动的前提下，供给适时做出调整，使供需之间的矛盾弱化；若供给迟迟不能做出反应，造成长时间的供需不平衡，则说明产业间的结构是不协调的。

二、产业结构合理化的基准

（一）国际基准

即以库兹涅茨、钱纳里等人倡导的标准产业结构为依据，来判断经济发展不同阶段上的产业结构是否达到了合理化。以大量的历史数据进行回归分析所得出的产业发展的标准产业结构，确定能够反映产业结构变动的一般规律，从而可以被用来作为认识和判断各国产业结构变动是否合理的参照系。

但是，对于这种"标准结构"的参照系至多只能作为判断产业结构是否合理的一种粗略的依据，而不能成为一种绝对的判断标准。因为世界各国在不同经济时期和经济发展环境变化较大情况下，如所处的国际经济环境、国内资源禀赋、劳动力素质和技术水平，以及所选择的发展战略是不同的，因而很难有统一的发展模式和产业结构，所以很难用一种标准模型来判断不同时期各国的产业结构是否合理。

（二）需求结构标准

即以产业结构和需求结构相适应的程度作为判断产业结构是否合理的标准，两者适应程度越高，则产业结构越合理；相反，两者不适应，则产业结构不合理。

（三）产业间比例平衡基准

即以产业间的比例是否平衡作为判断产业结构是否合理的标准。但是，也不能将此基准绝对化，因为无论何时何地产业结构都要保持这种比例平衡才合理。事实上，在经济的非均衡增长情况下，各产业部门的增长速度是不同的，有的高速增长，有的低速增长，一般情况下，这是正常的。只有那种超越一定界限的结构失衡，才会导致经济非正常运行。

三、产业结构合理化的比较与测定

目前在识别和论证产业结构是否合理及产业结构的变化方向时，通常采用以下分析方法：

1. 国际比较法。即以钱纳里的标准产业结构为基础，将某一国家的产业结构与相同国民生产总值下的标准产业结构加以比较，偏差较大时即认为此时的产业结构是不合理的。

2. 影子价格分析法。按照西方经济学的理论，当各种产品的边际产出相等时，就表明资源得到了合理的配置，各种产品供需平衡，产业部门达到最佳组合。

3. 需求判断法。即判断各产业的实际生产能力与相应的对该产业产品的需求是否相符，若两者接近或大体接近，则目前的产业结构是较为合理的。

4. 需求适应性判断法。即判断产业结构能否随着需求结构的变化而自我调节，使产业结构与需求结构相适应，实现社会生产的目的。

5. 结构效果法。即以产业结构变化引起的国民经济总产出的变化来衡量产业结构是否在向合理的方向变动，若结构变化使国民经济总产出获得相对增长，则产业结构的变动方向是正确的。

四、产业结构合理化的调整

（一）产业结构合理化调整的过程及收益

产业结构合理化调整的过程即部门、行业之间不断进行调整、协调，使之趋于均衡的过程。产业结构合理化均衡被打破的原因主要来自需求和供给两个方面：需求和需求结构发生变化，产业结构随之发生调整。由于技术进步，某些产业供给能力发生变化，则产业结构需要做出调整以适应相对不变的需求和需求结构。

在短期内技术水平不发生重大变化的情况下，产业结构由不合理向合理转变的过程中，其边际收益是递减的。这是因为随着产业结构逐渐趋于协调，由于产业结构扭曲所造成的经济损失也逐渐减少，从而纠正这一扭曲所获得的收益也将越来越少。

从较长时期考察产业结构的变化可以看出，由于技术进步，使满足一定需求所需的劳动力和各种物质生产要素得到节约，生产效率成倍提高，因而其边际收益并不是递减的。

（二）产业结构合理化调整的机制和动力

产业结构之所以从不合理化向合理化的方向发展，其动力是结构调整过程中收益的存在。产业结构的调整机制分为市场机制和计划机制，不同的结构调整机制，调整的表现形式是不同的。

1. 产业结构调整的市场机制。市场机制调整产业结构在很大程度上是一种经济系统的自我调整过程，即经济主体在市场信号的引导下，通过生产资源的重组和在产业部门间的流动，使产业结构尽可能适应需求结构变动的过程。例如，由于种种原因，需求结构发生了变化，破坏了原有的供需结构，使某些产品供大于求，有些产品供小于求，从而引起这些产品的价格发生相应的变动，产品价格下降部门的资源会转移到产品价格上涨的部门，直到供需重新平衡。

在这一产业结构调整的过程中，产业结构变动的信号就是市场价格，动力是无数分散的经济主体对增加利润和避免损失的追求。

2. 产业结构调整的计划机制。即政府向经济系统输入某种信号，直接进行资源在产业间的配置，使产业结构得以变动，政府机关根据现有产业结构的状况和对产业结构变动的预测，从经济发展的总体目标出发，通过纵向发展层次向经济主体发布指令，以调整产业部门间的供求关系。

在这一产业结构调整过程中，结构变动的信号是政府的指令，动力是政府对经济持续、稳定、协调增长的追求。

第三节　产业结构的高度化

一、产业结构高度化的含义与特征

产业结构高度化主导是指产业结构从低水平状态向高水平状态的发展，是一个动态的过程。根据产业结构推进的一般规律，产业结构高度化有如下特征：

1. 产业结构的发展顺着第一、第二、第三产业优势地位顺向前进的方向推进。

2. 产业结构的发展顺着劳动密集型、资本密集型、技术知识密集型产业分别占优势地位顺向递进的方向推进。

3. 产业结构的发展顺着低附加价值产业向高附加价值产业方向推进。

4. 产业结构的发展顺着低加工度产业占优势地位向高加工度产业占优势地位方向推进。

产业结构高度化程度可以衡量的方法：一是"标准结构"法，是将一国的产业结构与其他国家产业结构的平均高度进行比较，以确定本国产业结构的高度化程度。根据"标准结构"，就能了解到一国经济发展到哪一个阶段，以及产业结构高度化的程度。二是相似系数法。相似系数是联合国工业发展组织国际工业研究中心提出的度量方法。以某一国产业结构为标准建立参照物，通过相似系数法的计算，将本国的产业结构与参照国的产业结构进行比较，以确定本国的产业结构高级化程度。相似系数通常介于 0 和 1 之间，相似系数等于 1 时，说明两个国家的产业结构完全相同；相似系数等于 0 时，说明两个国家的产业结构完全不同。我国 20 世纪 90 年代中期的产业结构在产出方面较接近日本 20 世纪 40 年代初的水平，而在劳动力分布方面，更接近日本 20 世纪 20 年代初的水平。

二、产业结构高度化的直接动因

按照熊彼特的观点，所谓的创新，就是导入一种新的产出函数，可以大大提高潜在的产出能力。而产业结构的高度化过程，就是随着技术进步和生产社会化程度的提高，不断提高产业结构作为资源转换器的效能和效益的过程。因此，创新也就成为产业结构高度化演进的直接动因。创新对产业结构高度化的直接推动作用，主要可以通过以下两个方面来表示：

1. 创新导致了技术进步。新的生产函数的导入，其中一种表现就是在原有生产要素的状态下，通过系统内部结构的调整，提高系统的产出。显然导入新的生产函数，也就导致系统技术进步。而系统技术进步，将带来产业结构的升级。

2. 创新带来新的市场需求。新的生产函数的另一种表现是创造了新的产出。新产出的出现，又可以创造新的市场需求，使一部分潜在的市场需求转化为现实需求。而市场需求则可带来国民收入总水平和产品分配，以及需求结构的变化。

三、产业结构高度化的机制

产业结构的高度化是通过产业间优势地位的更迭来实现的，产业结构的高度化是各个产业变动的综合结果。但是以单个产业部门的变动为基础，因为只有单个产业部门的变动进而引起并导致整个产业结构的变化。

从单个产业部门的变动来看，一般会经历一个"兴起—扩张—减速—收缩"的运动过程。产业的兴起往往与新产品的开发相联系。随着新产品的特点逐渐被人们所认识，对它的需求将日益增大；同时创新又成功地大幅度降低了该产品的成本，使该产业迅速扩张，进入一个高速增长阶段。但是，当这种高速增长达到一定临界点之后，就会出现减速增长的趋势。

产出部门增长之所以会发生减速趋势一般是由以下原因引起的：

1. 技术进步速度缓慢。

2. 增长较慢的产业对其增长的阻尼效应和增长较快的产业对其竞争的压制。

3. 随着产业增长，可利用的产业扩张资金的规模相对下降。

4. 受到新兴国家相同产业的竞争性影响。

从影响产业部门变动的最主要因素——创新来看，由于创新使该产业的产品成本大幅度下降，从而推动该产业迅速增长。但当产业价格已下降至新的创新点很难再使其成本下降时，换句话说创新对于降低成本的潜力已趋枯竭时，便会发生创新减缓，因而迫使该产业增长速度降低下来。

库兹涅茨经过研究发现，从较长的时间序列看，产业增长速度随着该产业成长、成熟到衰落而处于高速增长、匀速增长和低速增长的变动中。如果从任何一个时点看，总会看到多种处于不同增长速度的产业，即低增长部门、高增长部门和潜在高增长部门同时存在。一般高增长部门由于距离创新起源更近而处于相对优势地位，在总产值中占有较大的份额，并支撑着整个经济的增长。

随着时间的推移，由于新的创新与创新的扩散，产业结构的变动呈现为高增长优势产业间的更迭。这是一个连续变动的过程，当原有高增长产业因创新减缓而减速，便会为新的高增长产业所取代。在随后的递进的发展过程中，潜在的高增长产业会转化为现实的高增长产业，以代替原来高增长产业的位置。因此，我们可以得出这样的结论，即产业结构的变动是通过产业间优势地位的更迭实现的。

第四节　主导产业的选择

一、主导产业的概念

在经济发展的不同阶段，各产业的发展速度是不同的，有的产业发展很快，有的产业发展较慢，也有些产业处于不断萎缩之中。在特定的经济发展时期和特定的产业结构系统中，各产业所起的作用和所做的贡献是不一样的，整个经济的增长有时就取决于一些起关键带头作用的产业，这样的产业即为"主导产业"。

主导产业也叫主导增长产业，它是指那些能够迅速和有效地吸收创新成果，对其他产业的发展有着广泛的影响，能满足不断增长的市场需求并由此而获得较高的和持续的发展速度的产业。

罗斯托是主导产业理论研究的先驱者，他认为在任何时期，一个经济系统之所以能够具有或保持"前进的冲击力"，是由于若干"主导成长部门"迅速扩张的结果。这些"主导成长部门"，就是所谓的主导产业。罗斯托认为，一个产业要成为主导产业，必须要具备三个条件：充足的资本积累和投资、旺盛的市场需求、技术创新和制度创新。只有创新才能节约成本，提高劳动生产率，提高产出，满足潜在的市场需求。

主导产业的实现要依据两个途径：

一是市场自发调节。市场竞争和供求关系促进具有竞争力的产业发展。产业结构的高度化也可以通过市场供求关系和价格机制实现。

二是政府积极干预。国家通过制定产业政策，选择主导产业和确定产业发展序列，不断促进产业结构的高度化。

二、主导产业特征

1. 导入了创新并创造市场需求。一般来说，创新所带来的新的生产函数，都会导致产业技术进步。但对有些产业而言，技术进步不一定创造新的市场需求。因此，在这些产业中，由于市场需求的原因，创新对促进产业发展的作用十分有限，不能对其他产业的发展起领头作用，所以这样的产业，不能成为主导产业，如现代产业结构中的纺织业和食品工业等传统产业即属于此种情况。而对于主导产业来说，创新不但为其导入了新的生产函数，加速了产业技术的进步，更重要的是还为其带来了新的市场需求，对整个产业结构具有引导作用，对其他产业发展也具有巨大的带动作用。

2. 具有持续的高增长率。由于主导产业导入了新的生产函数，促进了产业技术的进步，并创造了新的市场需求，因此主导产业可以获得较快的发展速度，表现出较高的产业增长率。然而，值得注意的是较高的产业增长率并非一定是由导入新的生产函数所致。在经济系统和产业结构受到其他一些因素影响时，在经济的扩张时期，一些产业也会表现出较高增长率。但是这种高增长率在影响因素消失后，会马上回落，而主导产业的高增长率是由产业的技术进步和新的市场需求所促成，所以它是持续的。

3. 具有突出的扩散效应。也就是罗斯托所说的"回顾效应""前向效应""旁侧效应"。

三、主导产业的作用

罗斯托认为，无论任何时期，经济能够保持增长主要是因为少数主要新兴产业快速扩张的结果，表现在以下三个方面：

1. 依靠科学进步，获得新的生产函数。

2. 形成持续高速增长的增长率。

3. 具有较强的扩散效应，对其他产业乃至所有的产业有决定性影响。

罗斯托认为，正是主导产业扩散效应"不合比例增长"的作用推动着经济的发展。同时这种扩散效应不局限于产业间技术经济联系的效果，还包含着对经济社会发展更为广泛的影响。

第五节　地区产业结构优化

一、地区产业结构优化的基本内涵

地区产业结构是指一个国家按照一定标准划分的经济区域内产业与产业之间的技术经济联系和数量比例关系。

在地区层次上，地域分工表现为以地区专门化生产为中心的社会再生产各环节、各部门的组合；国民经济层次上，地域分工表现为各地区之间的生产协作。地区产业结构有如下特点：

（1）往往并不具备一国国民经济中的所有部门。

（2）一般都有若干个全国具有专业化分工优势的产业部门。

（3）各地区比较优势不同，专业化部门各异，产业结构往往存在明显差异。

（4）地区产业结构之间互补性、依存性较强。

二、地区产业结构的影响因素

(一) 地区要素禀赋

不同地区拥有不同的要素禀赋，地区拥有的劳动力、资金、技术和资源等生产要素是地区产业结构的决定性要素。发展地区经济要根据地区要素禀赋条件来安排。

(二) 需求结构导向

消费需求为地区产业发展提供市场，为产业扩张提供市场保证。地区消费水平的提高会促使消费结构的升级，从而促进产业结构的高度化发展。同时地区产业结构会受到其他地区和国际市场的需求结构与该地区产业结构相互关联的影响。地区经济对其他地区和国际市场开放度越高，就越有利于地区产业结构的优化。

(三) 地区间的经济联系

地区间的经济联系越紧密，产业的结构效应就越能发挥作用。地区间的经济联系主要是地区间商品的区际贸易和生产要素的区际流动。区际贸易是实现地区间比较利益的必由途径。它通过比较各地区的经济优势，形成地区产业结构之间的分工；沟通地区间的产业关联，使地区产业结构受到其他地区需求结构和供给结构的影响。生产要素的区际流动将改善地区生产要素的供给状况，进而优化地区产业结构。

(四) 生产的地区集中度

生产的地区集中度是指一个国家某产业产品在某地区的生产规模在全国中的比重。生产的地区集中度主要受国家的产业布局战略、经营环境、市场规模和生产要素等多种因素的影响。

三、地区产业结构优化与经济发展

地区产业结构优化将促进经济的快速发展，经济的快速发展也会促进地区产业结构的高度化和合理化，从而促进地区产业结构的优化。

地区产业结构的优劣是一个地区经济发展质量和水平的重要标志，地区产业结构的转换和演变决定这个地区工业化、现代化的进程，合理、高效的地区产业结构是地区经济大发展的必备条件。要实现地区经济持续快速的增长和发展必然要求地区产业结构的良性演变，因此就必须努力促进地区产业结构的高度化和合理化。

第六节 对现有理论的认识

国内的产业经济学研究尤其是在对我国产业结构实证方面已经达到一个很高的高度，但是在产业结构优化理论方面研究稍显不足，理论进一步发展也有所不够，现有的产业结构理论有以下几点需要加以完善：

一是在概念方面存在一定的模糊性，例如，产业结构合理化的定义是依据产业关联技术经济的客观比例关系，来调整不协调的产业结构，促进国民经济产业间的协调发展。就"合理化"而言，无外乎合乎道理、事理或情理，是一个日常用语，用在经济学本身显得含糊，理论经济学描述状态用了最优化、均衡的表达方式，但没有采用这一表达方式。

产业关联技术经济的客观比例关系反映的是作为中间品，零部件与零部件最后与整件产品构造上的比例关系，由产品构造属性决定。在这个定义中，"不协调的产业结构"涵盖过于广泛，指代不清楚，而且"关联技术经济关系"又是如何调整"不协调的产业结构"的？同样的问题，"国民经济产业间的协调发展"是一种什么协调状态，又是如何促进的？后者主要遵循产业结构演化规律，通过创新来加速产业结构的高度化演进。

二是理论表述不明确。现有理论认为："产业结构优化过程就是通过政府的有关产业政策调整影响产业结构变化的供给结构和需求结构，实现资源优化配置与再配置，来推进产业结构的合理化和高度化发展。"

政府政策可以影响产业供给结构，但是需求的主体是消费者，由消费者的收入、商品价格和消费偏好共同决定的，政府无法决定，即使有影响，那么影响程度又有多大？如果很小，政府政策就没有效果，也就更加谈不上"实现资源优化配置与再配置"了。再者，资源配置是市场的基本功能，只有市场配置资源是最有效的，政府不能取代市场。

产业结构优化的内容包括供给结构的优化、需求结构的优化、国际贸易优化和国际投资优化。那么它们之间，以及和产业结构合理化、产业结构高度化之间的理论联系是什么，现有理论并没有明确地交代。

三是与经济学理论之间缺乏联系。宏观经济学研究的是经济资源利用问题，以总需求、总供给和国民收入决定为切入点，着重研究就业、通货膨胀、经济周期、经济增长和国际收支平衡问题。微观经济学研究个体的经济行为，亦即单个消费者效用最大化、单个厂商利润最大化和单个市场出清的问题。作为中观视角，无论从研究的问题上还是研究的方式上，现有产业结构优化理论和理论经济学联系并不紧密。

第三章

基础理论概述

第一节　结构与经济结构

一、经济结构与划分标准

在《辞海》中，对"结构"是这样定义的：同"功能"相对，是物质系统内各组成要素之间的相互联系、相互作用的方式；是物质系统组织化、有序化的重要标志。结构既是物质系统存在的方式，又是其基本属性，是系统具有整体性、层次性和功能性的基本前提。对于结构和功能，既可根据已知的内部结构来推知其功能；也可根据已知的功能来推知其内部结构，从而实现对自然界的利用和改造。从这一定义中，可以得出两个有关经济的重要结论：

（1）经济存在结构。划分标准不同，经济的结构就有所不同。

（2）只有把握了经济结构才能认知经济运行的机制；只有了解了经济的运行机制才能认识经济，找出问题的原因，最终给出正确的政策或解决问题的方法。

关于"经济结构"的定义代表性的有以下几种：佩卢认为，经济结构是"表示在时间和空间里有确定位置的一个经济整体中具有特性的那些比例和关系"（皮亚杰，1987）。可见，他把经济结构归结为一些可见的单纯数量关系。与此相反，丁伯格认为，经济结构是"经济对某些变化做出的有关反应，而这些反应方式、特征是不可直接观测到的。"他强调经济结构是经济中存在不可直接观察到的特征，只能通过使经济以形式化的系数体系来间接、部分地反映经济结构关系。

马克思关于经济结构的概念也有论述。在《政治经济学批判》序言中，他说；"人们在自己生活的社会化生产中发生一定的、必然的、不以人们意志为转移的关系，即在他们物质生产力发展到一定阶段时并与之相适应的生产关系。这些生产关系的总和就构成了社会的经济结构。"国内一些学者认为，经济结构是指国民经济各组成要素之间相互联系和相互作用的内在形式和方式，即构成国民经济整体的各个部分、各个环节和各个层次之间量的比例和质的关系（胡荣涛，2001）。

总结上述观点，我们认为，经济结构是构成国民经济总体的各个组成部分之间的比例关系，以及各组成部分之间和国民经济总体之间存在的功能关系。当然，所要注意的是丁伯格的观点，现实中真实的经济结构及其动态变化不可能被人们完全认知，我们这个关于经济结构或产业结构的定义也是如此，即它们只是部分地反映真正现实中的经济结构。

把国民经济总体划分为不同的组成部分是遵照某种标准划分的，这种划分标准不同，组成部分的性质及比例关系都不同。在某种划分标准的经济结构框架内，各组成部分内部的性质或功能是无差异的，而组成部分与组成部分之间是有差异的，研究经济结构的目的就是研究这些性质或功能在组内的无差异性、在组间的差异性以及二者最终又是如何影响国民经济总体的决定与运行。

马克思的两大部类划分法把国民经济划分为生产资料和消费资料两

大部门。在计划经济时代就有农、轻、重和消费、积累的经济结构划分；按所有制标准经济可划分为公有制、非公有制经济；按空间区域划分就有东、中、西部或城市、乡村经济之分；按社会再生产环节划分，经济结构表现为生产、交换、分配和消费。

在经济学的研究中，研究经济结构还存在长期与短期之分。从结构研究经济学的理论还需研究结构动态经济学。产业革命以来，现代经济系统动态学表明，某些基本量（如国民生产总值、总需求、总供给、就业）绝对水平的持久性变化与其构成的变化有着内在的联系。在短期，很难区分出是真正持久性的、不可逆转的结构变化还是纯属过渡性的、可逆转的、暂时结构变化。但是，从长期而言，随着时间的推移，按不同方向发展的、过渡性的、暂时变化会相互抵消，这样长期性的结构趋势就会表现出来，对此可以研究变量的结构与其累积运动的关系。

此外，从经济中所涉及的每一个变量都有其不同视角下的结构，如需求结构、供给结构、投资结构、劳动力结构、就业与失业结构、技术结构、价格结构、国民收入结构、最终消费品结构等。以上这些经济结构涵盖范围过于狭窄、目标和功能单一，不能全面反映经济结构，也就很难在经济理论上做出更深的研究。但是，如果按照最终消费品作为划分标准，这一问题就会得到解决。

作为最终产品，有最终消费品和最终资本品之分。虽然它们都是人类劳动的产物，但是只有最终消费品才是人类劳动的最终目的，而资本品尽管具有最终产品的性质，但是它不是人类劳动的最终目的，而是以生产最终消费品为目的的手段。按照马克思主义理论，资本价值通过折旧转移到最终消费品而得以实现。其价格通过与消费品的交换而得以表现，因为正是最终消费品的价格变化导致对其资本品的需求变化，从而导致资本品价格的变化。可见，离开了最终消费品这一生产的最终目的，一方面资本品就失去了自身存在的意义，另一方面，就失去了确定资本品价格和价值的准绳。

作为生产资料性质的制造加工业产品（实质是资本品）应如何归

类？任何最终消费品的生产都需要资本品，其收入随着生产消耗通过折旧被当作成本转移到所生产的最终消费品中，消耗多少就转移多少。在一个完整的纵向一体化产业链中，把最终消费品生产所需的资本品包含在产业生产中，资本品的价值也包括在最终消费品的价值内。因而，对于资本品，为哪一个产业生产提供资本品服务，其价值或收入等一切经济行为都归到该最终消费品中去，不用再单独地归类到一个单一的产品结构中去。例如，农产品生产就需要工业提供农业机械，那么，农业机械的价值或收入就计算在农业中，而不是计算在第二产业中。

二、以最终消费品为特征的经济结构

假定生产技术既定，社会生产是分工的。从生产开始，劳动力结构、资本结构决定了经济社会最终消费品的供给结构。而需求结构是受人们的初始禀赋、消费偏好，以及交换产品的供给结构所支配。对于"收入"来说，如果剔除价值化的货币外衣，收入结构就显露出其本质——产品结构。使用结构可以把所有产品状况一一列举出来，这样就不需要货币的价值同度作用予以加总。在交换中，需求结构与供给结构决定了市场是否出清，关键是，供求结构的相互作用决定了产品的价格结构。因为价格中含有工资和折旧费用，所以价格结构也决定了要素收入结构以及资本品收入结构。另外，产品市场均衡意味着产品供给结构与需求结构一致，资源被充分利用。

根据以上的分析，使用数学语言对经济结构进行描述。在封闭经济条件下，市场是统一的，经济社会中所有的交换都在这一个市场中进行。所有相关信息都充分且对称。经济社会中，最终消费品有 n 种，则最终消费品结构为 n 维向量。

$$q = (q_1, q_2, \cdots, q_i, \cdots, q_n) \tag{3.1}$$

一国人口总量 L 已知，为 $L = \tilde{L}$。单个个体不是自然人，而是经过抽象化的社会人（徐德云，2018）。每个个体既是生产者也是消费者，同时也是生产要素的提供者。则生产 q_i 产品的劳动力供给为 L_i^s。那么，生产最终消费品结构式（3.1）的劳动力供给结构也为 n 维向量。

$$L_i^s = (L_1^s, L_2^s, \cdots, L_i^s, \cdots, L_n^s) \tag{3.2}$$

设定 K_i 是为生产最终消费品 q_i 所投入的资本品。那么，整个经济社会的资本结构为：

$$K = (K_1, K_2, \cdots, K_i, \cdots, K_n) \tag{3.3}$$

再设定最终产品 q_i 的生产函数为：

$$q_i = q_i(K_i, L_i) \tag{3.4}$$

在一定的技术进步和经济资源条件下，对最终消费品的生产函数式（3.4）投入资本品式（3.3），可生产出最终消费品 q_i，进一步可得出整个经济社会的产品供给结构，可设为 S，也为 n 维向量。

$$S = (q_1^s, q_2^s, \cdots, q_i^s, \cdots, q_n^s) \tag{3.5}$$

当经济社会生产产品供给为式（3.5）时，相应的总需求结构可设为：

$$D = (q_1^d, q_2^d, \cdots, q_i^d, \cdots, q_n^d) \tag{3.6}$$

在现有的宏观经济学中，以总产品为研究对象的总供求一致时，就可以决定国民收入。之所以如此简单地得出这一结论，主要是由于包括宏观经济学在内的理论，在运用价格时都是设定价格接受假定，所以总需求和总供给以价格作为自变量，并因价格变动而变动。但是按照瓦拉斯均衡理论，价格是因变量，由需求和供给共同决定。因此，设定价格为 p，则经济社会中的价格结构为：

$$p = (p_1, p_2, \cdots, p_i, \cdots, p_n) \tag{3.7}$$

在一个统一的市场中，所有生产者用自己生产的商品全部进行交换，获得自己所需要的商品（不考虑储蓄）。假若有一个报价者，他把所有个体之间讨价还价的价格即时大声地报出来，那么，根据这个报价者的报价，所有交换者不断调整商品交换的比例，即价格。

在市场中，交换者能交换到多少所需要的商品，不仅取决于个体对所有商品的需求，还取决于市场中其他消费者对该个体商品的需求。那么，在一般均衡状态下，个体 i 需求结构的决定受制于所有消费者的效用、供给及禀赋的函数。也就是说，供给商品的种类、数量和结构一定，所有消费者的交换禀赋和消费偏好一定，则在讨价还价的交换中，追求效用最大化的每个个体都会交换到他所满意的商品。

交换决定价格，而价格是供给与需求相互作用的最终结果，更明确地说，总供给与总需求是"主"，而价格是"从"。总供给与总需求不变，价格不可能变动。只有总供给或总需求发生变动时，价格才会随之发生变动。

按照瓦尔拉斯一般均衡理论，在报价者即时报价的作用下，通过不断交换，最终总有一组价格使交换市场出清，供求一致，即式（3.5）等于式（3.6）。当价格式（3.7）成为瓦尔拉斯均衡价格时，可表示为：

$$p^* = (p_1^*, \ p_2^*, \ \cdots, \ p_i^*, \ \cdots, \ p_n^*) \tag{3.8}$$

价格乘以均衡需求量就可以得出国民收入，因此，式（3.8）与式（3.5）或式（3.6）的乘积就是供求均衡下的国民收入。

第二节　产业与产业结构

一、产业与产业链

产业是社会分工的直接产物，并随之发展而发展。所以从根本上来讲，社会分工源自生产力的进步，故而生产力才是产业发展的根本动因。随着社会生产力水平不断提高，产业的内涵不断充实，外延不断扩展。

与"产业"相近的词有"行业"和"部门"。虽然在很多时候这几个词经常被互用，但是，严格来说它们之间还是存在差别的。

"产业"是在生产力水平和商品经济高度发达的背景下，生产者以获取利润最大化为目标。而"行业"则不是，由于生产力水平低下，产出很少，商品经济也必然落后，仅有的交换是为了换取生存物品，糊口而已，几乎没有多少剩余。行业从业者能维持一家老小的生计就已万幸了，哪还能奢谈什么"利润"二字。对于"部门"，更多的是从政府对国民经济管理的角度出发而做出的分类。在计划经济时代，部门的管理性色彩较为浓厚。如图 3 – 1 所示，国民经济存在资本品生产部门和最终消费生产部门之分。

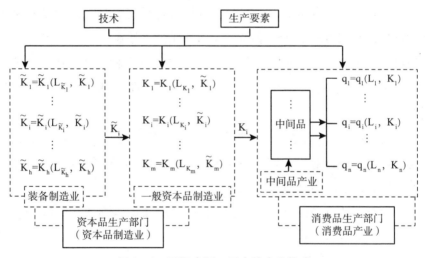

图 3 – 1 不同内涵、层次的产业构成

目前的研究对产业的定义较为松散。在不同情况下，口径宽泛可大可小，但一个重要的、关键性的通用特征就是：产业是具有某种同类属性的企业经济活动的集合。作为一个集合体，产业显然不同于只研究单个厂商的微观经济，但也有别于研究整体国民经济的宏观经济，产业是介于宏观经济与微观经济之间的中观经济。正因为这一特性，产业的含义就具有多层性。

现代经济生产方式都是迂回的。生产越迂回，即生产最终消费品所需要的中间产品就越多，从而形成的产业链就越长。所以，任何一种产品的生产都需要经过从最初投入到最终产出的一个产业链过程，或者说一个完整的产业链顺次有三个环节：首先，投入环节，是对资本品生产部门和最终消费品生产部门的所有生产都要投入技术和生产要素；其次，资本品生产部门生产资本品；最后，消费品生产部门生产出最终消费品（如图3-1所示）。

资本品生产部门生产资本品，所有生产资本品的厂商集合体就是资本品制造业。在一定的生产技术支撑下，在资本品的部门投入生产要素生产资本品，资本品生产分为两种情况：

一种是为生产资本品而生产的资本品（这种资本品就是通常意义所说的母机，我们可称之为装备资本品），可看作是在资本品生产部门内部的循环，生产这种资本品的集合体就是装备制造业。另一种是为消费品部门生产资本品。所有生产这种资本品厂商的集合体就是一般资本品制造业。

在图3-1中，从生产最终消费品 q_i 的一条完整产业链条组成来看：首先，在装备制造业生产装备资本品 $\tilde{K}$；其次，再用 $\tilde{K}$ 生产一般资本品 K；最后，生产最终消费品 q_i。

假设资本品 $\tilde{K}$ 有 h 种，它们之间是异质性的。对于生产 $\tilde{K}_i$ 的全部生产厂商的集合体就构成了生产 $\tilde{K}_i$ 的一个产业。再向上一个层次，把生产所有 $\tilde{K}$ 的生产厂商进行集合就形成了装备制造业；同样，如果一般资本品 K 有 m 种，它们每种一般资本品生产的集合也是一个具体、小类别的一般资本品产业，向上一个层次，把所有一般资本品生产的集合就是一般资本品产业。当然，还可以再向上一个层次，把装备制造业和一般资本品制造业合并，统称为资本品制造业。对于最终消费品产业也是如此。有 n 种不同的最终消费品，每一种最终消费品的生产集合可以构成一个产业，再向上一个更高层次的集合就是消费品产业。在图3-1中的"装备制造业"中，

$$\tilde{K}_i = \tilde{K}_i(L_{\widehat{K}_i}, \ \widehat{K}_i) \tag{3.9}$$

式（3.9）中代表生产装备资本品 $\tilde{K}_i$ 的产业生产函数[1]，对其投入资本品 $\hat{K}_i$[2]，劳动力 $L_{\hat{K}_i}$，生产出装备品 $\tilde{K}_i$，再输送到一般资本品制造业中，用于生产一般资本品 K_i。

在图 3 - 1 中的"一般资本品制造业"中，一般资本品 K_i 的产业生产函数为：

$$K_i = K_i(L_{K_i}, \ \tilde{K}_i) \tag{3.10}$$

式（3.10）在得到装备资本品 $\tilde{K}_i$ 后，再结合劳动力投入 L_{K_i}，就生产出一般资本品 K_i。

最后，进入到最终消费品生产部门。一定的生产技术条件下，在得到资本品生产部门生产的资本品 K_i 投入后，再加上劳动力投入 L_i，消费品生产部门生产最终消费品 q_i。在其间内部存在中间产品的生产而形成中间品生产产业，如物流业、仓储业以及纺织业等。在最终消费品生产视角下，把中间品看作是消费品生产部门的内部循环，而不需单独列出。

从以上的论述中就可以发现：产业的多层次性有两个方面。一方面，产业划分口径可大可小，越向上就越具有宏观性，越细分越趋于微观层次，一个产业内部就可不断细分。最靠近宏观经济的是三次产业划分，而其中的每个产业里都包含着不同层次的产业。

在图 3 - 1 中，比如资本品制造业里就包含了装备制造业和一般资本品制造业。装备制造业是我国特有的经济学理论范畴，是指为国民经济各部门进行简单生产和扩大再生产提供装备的各类制造业的总称，是机械工业的核心部分，承担着为国民经济各部门提供工作"母机"、带动相关产业发展的重任，可以说，它是工业的心脏和国民经济的生命线，是支撑国家综合国力的重要基石。

按照国民经济行业分类，其产品范围包括机械、电子和兵器工业中

---

① 产业生产函数的具体论述在第四章"关于产业生产函数的论述"中有专门介绍。
② 资本品 $\hat{K}_i$ 是生产装备资本品 $\tilde{K}_i$ 的资本品，是资本品禀赋。

的投资类制成品，分属于金属制品业、通用装备制造业、专用设备制造业、交通运输设备制造业、电气机械及器材制造业、通信计算机及其他电子设备制造业、仪器仪表及文化办公用品装备制造业 7 个大类 185 个小类。也就是说，装备制造业至少可划分为两个层次的产业：第一个层次，装备制造业 7 个大类，每类的生产集合体就是一个产业，可以说装备制造业有 7 个大类产业；装备制造业再细分为 185 个小类，每个小类的生产集合体就可形成 185 个小类产业，他们就是第二个层次上的装备制造产业。即使如此，还可以细化。

可见，一个产业内部越往下细分，产业的内涵就越趋于微观层次，这种意义上的产业更多强调的是行业技术、行业标准，而产业的经济意义和经济功能不断弱化。原因在于产业内部细分的微观层次意义的产业并不是一个最终产品，而是中间产品，处于产业链的中间，他们只和产业链中的前向环节和后向环节的上下游有直接联系。虽然被不同生产企业所隔断，但是从产业纵向一体化的整条产业链来说，它们只是一个环节，通过市场又链接成一个生产链。就生产而言，把产业生产链拆开分放在不同企业，再通过中间品市场链接起来和把这条完整的生产链直接放在一个企业里，二者在生产上没有本质区别。所以这种微观层次的产业注重的是生产技术、标准、工艺和技术关联效应。

虽然中间品的需求、供给由生产链上的上下游决定，但它们不和消费者有任何直接联系，所以中间品的价格和需求量是由产业链末端制造出来的最终消费品需求和价格决定。对于宏观层次意义的产业是一个最终产品，处于产业链的末端，面对的是消费者，其价格和需求量直接决定了国民收入和就业，所以宏观意义的产业过多注重于市场、需求和价格决定的经济学研究。

此外，作为同属性生产的集合体，产业又是松散性的，既不像微观经济中单个企业那样有管理要素，企业管理者为实现企业利润最优化目标制订计划，并对企业所有行为进行指挥和协调；也不像宏观经济那样，由政府制定各种宏观经济政策，以达到促进经济增长、增加就业、稳定物价、熨平经济波动，以及保证国际收支平衡等宏观经济目标。与之相比较，产业最优化目标的行为既没有具体负责的主体，也没有确定的组织负责全力推进和维护产业这个集合体最优化目标的实施。在产业中，每个微观企业追求利润最大化的目标都是由市场协调、引导供求而实现的。

综上所述，对于同类属性的划分范畴不同，产业具体表现内容就有所不同，因此产业的含义就具有多层的层次性。划分口径越大就越具有宏观性，产业经济学可从价格、供求关系对其研究；划分口径越细，则越趋向于微观层次，其研究范围在于前向或后向的产业关联关系。因此，在进行产业研究时，有时候需要明确产业的具体层次。当然对于本研究则是宏观层次的产业研究，其目的在于研究产业价格、产业需求和产业供给。

最后，需要强调的是：我们所定义的产业是生产同一种最终消费品的集合体，而且其产业链是一个包含了从初始投入到最终产出完全纵向的完整产业链。在式（3.1）中，对于最终消费品 q_i 来说，将其含有完整产业链的生产集合体就可称之为一个产业。

二、以最终消费品为特征的产业结构

1. 在产业经济学的研究中对产业的研究有三个方面：

（1）以同一商品市场为单位划分的产业，即产业组织。在四种市场类型中，唯有寡头垄断市场类型因为存在人为勾结等非市场行为，因而其价格决定和均衡供求就具有不确定性。围绕"规模"、竞争和垄断存在的"马歇尔冲突"，也就是说在同一产业内，微观企业规模经济效应导致在企业之间抑制竞争两难问题的出现。对这一问题的解决就归属于产业组织理论，是研究市场在不完全竞争条件下的企业行为和市场构造，是微观经济学中的一个重要分支。

（2）以技术和工艺的相似性为标准划分的产业，即产业联系。一个国家在一定时期内在再生产过程中，国民经济中各个产业的生产通过一定的经济技术关系存在着前向、后向或双向投入和产出，即中间产品的运动，它真实地反映了社会再生产过程中的比例关系及变化规律，如图 3 - 1 所示。当然在中间产品与最终消费品之间，以及在它们内部之间，这种在再生产过程中的比例关系及变化规律过多是由生产工艺本身技术决定的。

（3）研究产业结构，将国民经济划分为若干个产业或部门，在国民经济中各产业部门之间以及它们内部的构成关系就是国民经济结构。从部门来看，主要是研究农业、轻工业、重工业、建筑业、商业服务业等部门之间的关系，以及各产业部门的内部关系。在经济研究和经济管理中，经常使用的分类方法主要有两大领域、两大部类分类法，三次产业分类法，资源密集度分类法与国际标准产业分类。

2. 由于产业具有多层次性，那么产业结构也是多层次的。如果产业划分层次口径较大，趋向于宏观层次，那么由此形成的产业结构就趋向于宏观层次。显然三次产业的划分就是趋向于宏观经济。在本书中研究的产业结构就是第三层次，是指一个最终消费品从初始投入到最终产出的一个纵向的完整产业链。并且把所有这一同类最终消费品生产的集合就称之为一个产业。从一个完整的产业链条来看，一个最终消费品应该包含所有投入。在图 3 - 1 中，对于生产最终消费品 q_i 的整个产业来说，除了自身最终消费品生产的投入外，还要包括在资本品生产部门的投入。

当然，一旦确定了产业的划分，那么这些被划分的各个产业就构成了国民经济，它们本身就是产业结构。在式（3.1）中，一旦最终消费品 q_i 的生产集合体确定为一个产业，那么，对于在式（3.1）中本身就是以最终消费品为标准而划分的产业结构，它们能构成整个国民经济，因而也就具有宏观经济性质。

三、三次产业的划分与构成

不同产业之间意味着所生产的最终消费品是不相同的。由这些不同的产业就构成了国民经济，它们之间的比例关系就是产业结构。如果在经济结构中把所有的最终消费品都罗列出来，虽然能够准确地反映经济结构，但也会产生一些问题：

（1）经济社会中，最终消费品的种类很多，而且始终是变化的，全部罗列会使经济结构的理论研究更加复杂。

（2）在所有的最终消费品中，它们之间不全是独立的，存在替代或互补的关系，在研究经济结构时还必须把这些因素考虑进去，这样又增加了研究工作的复杂性。

针对以上情况，很有必要对以最终产品为分类标准的经济结构做出调整，以减少最终消费品的个数，剔除产品之间存在的替代或互补关系，使最终消费品之间在消费上相互独立。同时，在简化过程中又必须保证产业结构所传递的消息不失真。更进一步地说，在此研究的产业结构偏向于宏观经济，最基本的情况则是采用三次产业结构。

按照消费档次来说，所有最终消费品可划分为必需品、享受品和奢侈品。显然，分属于这三个档次的商品之间收入弹性是不同的。必需品的收入弹性是最低的，享受品居中，奢侈品的收入弹性最高。对于同属于一个档次的不同具体商品，在很多经济特性上是一样的。根据"只见树木，不见森林"的宏观经济学方法论特征，把所有收入弹性最低并属于必需品的商品看作是一个总必需品；把所有收入弹性居中又属于享受品的商品看作是一个总享受品；把所有收入弹性最高且是奢侈品的商品看作是一个总奢侈品。这样，不再像现代宏观经济学把所有的产品不加区别地看作一个总产品，而是通过收入弹性，把社会最终消费品划分为三个层次的最终消费品结构。

对于产业的划分，日本经济学家筱原三代平提出了划分产业的"筱原两基准"。他在1957年日本一桥大学《经济研究》杂志第8卷第4号上发表了题为《产业结构与投资分配》的著名论文，为规划日本产业结构提出了两个理论基准（John Eatwell, 1996）：①需求的收入弹性；②生产率上升率基准。

根据这两个基准所选择的产业考虑了产业中产品的国际市场需求和产业的技术进步因素，很快被日本政府采纳。

综上所述，按照收入弹性把最终消费品划分为三个档次的产品结构就是以"筱原两基准"为标准划分的。可见，产业结构是以最终消费品的收入弹性大小为标准，把整个国民经济划分为三次产业。由于三次产业划分标准有所不同，因而存在一些偏差。1984年，中国国家统计局发布了经济行业分类标准，这个标准基本上是参照标准产业分类法制定的，并根据我国国情的一些特殊情况作了必要的调整和修改（戴伯勋，2001）。其具体情况是，我国是以产品类别为依据对不同产品相应地归类到三次产业中，第一产业是广义的农产品，第二产业是广义的工业制造品，第三产业是服务业。

然而在本研究中使用的是收入弹性，即以"筱原两基准"为划分标准的三次产业结构。这种三次产业结构与我国现有的三次产业结构在构成上并不完全一致。二者相比较，主要是因为使用标准的不同而产生的偏差。同一种产品按产品类别标准归类到第三产业，但其收入弹性很低却被归类到按收入弹性划分的第一产业中，例如，理发、洗浴及小型餐饮业是服务业，但其收入弹性太低不能作为第三产业而应属于第一产业。虽然如此，但总体上，二者的差别不是很大。在我国三次产业结构中，第一产业产品的收入弹性最低，第二产业产品的收入弹性居中，第三产业的收入弹性最大（杨公朴，1998）。显然，这种性质在以收入弹性为划分标准的三次产业结构中同样存在。

另外，需要说明的是，我们使用的是以收入弹性对最终消费品不是所有产品进行划分的三次产业结构。那么，作为生产资料性质的制造加工业产品应如何归类？不论收入弹性的高低，任何最终消费品的生产都需要生产资料。它是物化的劳动，是生产生活资料的中间产品。

在社会分工更细、更深的条件下，最终消费品从开始到完成都不是在一个生产流程上或一个厂商内完成的；最终消费品生产的各环节都被独立出去，由不同的厂商来完成，通过市场交易方式取代了在最终消费品生产的内部流动，把中间产品联系起来，直至生产出最终消费品。可见，某一行业的产品是与其他行业交织在一起的。如农产品生产就需要工业提供农业机械。使用产业链把最终消费品生产所需的资本品作为中间产品包含在产业生产中，资本品的价值也包括在最终消费品的价值内。

四、三次产业产品的实物构成、价值构成及补偿

（一）三次产业产品的实物构成

经济是分工的，一个产业所生产的最终产品是最终消费品。在生产过程中，最终消费品的生产要经过两个生产部门，分别为资本品生产部门和消费品生产部门。根据定义，产业是经济社会生产同一类产品的厂商集合体。这种集合体不是一种严密的经济组织，仅仅是生产同一类产品而已。在同一产业内，最终消费品是同类属性的产品，它们之间没有交换，只有竞争。

资本品生产部门利用从事资本品生产的劳动力和资本品禀赋生产资本品。资本品初始禀赋是资本品生产部门前期经济活动的产品。资本品生产部门所生产的资本品，在市场制度条件下，一部分留作本部门内资本品的再生产使用，这一部分资本品在其内部循环而不予以考虑；另一部分提供给消费品生产部门生产最终消费品生产使用。在消费品生产部门，其资本品是由资本品生产部门生产的，结合从事消费品生产的劳动力生产出最终消费品。可见，资本品生产部门为消费品生产部门生产资本品，再由消费品生产部门生产整个社会都需要的最终消费品，如图 3-2 所示。

（二）三次产业产品的价值构成与补偿

产业结构是以最终消费品为标准，把整个国民经济划分为三次产业。产业是一个相对封闭的生产集合体。关于资本品和消费的中间产品是生产的迂回过程（杨小凯，2003），反映生产的分工性和专业化程度，

在一定意义上代表产业生产技术的先进程度（杨小凯，2003），在产业链内部循环。

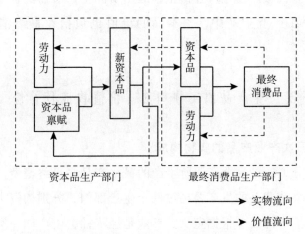

图 3 - 2　某一产业内部产品生产交换实物价值流程

从初始投入到最终消费品，一个产业最终消费品的价值不仅包括消费品生产部门劳动创造的价值，也包括资本品生产部门劳动创造的价值。对于生产最终消费品的产业与产业之间，在生产上不存在任何经济关系，但在消费上存在交换关系。

在市场上，产业之间用各自生产的最终消费品进行交换，其交换比率形成最终消费品的市场交换价格，其总量就是最终消费品的产业总市场收入。在市场经济制度下，经过交换后，各产业都获得市场收入。至此，虽然生产和交换的经济行为得以完成，但接下来的问题则是三次产业对所获得收入要在其内部最终消费品生产部门和资本品生产部门之间进行分配。

由图 3 - 3 中可看出，在一个产业内部，资本品生产部门的收入是通过向消费品生产部门交换其生产的资本品而获得的。资本品生产部门的收入也取自于资本品价格的大小。资本品价格决定于资本品供给和消费品生产部门对资本品的需求；而消费品生产部门对资本品的需求又取决于市场对其生产的最终消费品的需求。这就是最终消费品的市场需求对资本品的需求具有引致性。在最终消费品的市场需求一定时，根据资本品生产的边际收益等于边际成本的原则来确定资本品的需求。

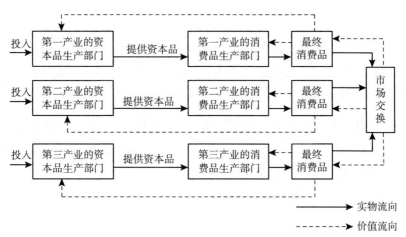

图3－3　三次产业产品的市场交换示意

第三节　三次产业供求结构

一、产　业　供　给　结　构

以最终消费品为特征，可把经济结构划分为三次产业的经济结构。鉴于此，需要对三次产业的经济结构进行进一步的描述。

在经济社会中，有 n 种最终消费品，按照收入弹性的高低，最终合并为只有三种产品的经济结构，分别为第一、第二和第三次产业的产品。则最终消费品结构为三维向量：

$$q = (q_1, q_2, q_3) \tag{3.11}$$

社会经济只有资本品生产部门和消费品生产部门。生产三次产业的产品所需的资本品是由资本品生产部门生产的。由于生产不同消费品所用的资本品不同，所以资本品生产部门分别为 q_1、q_2 和 q_3 消费品生产所需的资本品 K_1、K_2 和 K_3。生产三种产品的社会总资本品结构为三维向量：

$$K = (K_1，K_2，K_3) \tag{3.12}$$

另外，资本品生产部门还为本部门自身生产资本品，可以看作是内部循环，而不予以考虑。社会经济总人口为 L，其中，有 L_K 的人口在资本品生产部门从事资本品生产。在分工专业化的前提下，设生产资本品 K_1、K_2 和 K_3 所投入的劳动 L_{K_i} 分别为 L_{K_1}、L_{K_2}、L_{K_3}。以及生产资本品所需的资本品禀赋分别为 $\tilde{K}_1$、$\tilde{K}_2$ 和 $\tilde{K}_3$。设定资本品生产技术既定，则三次产业的资本品生产函数分别为：

$$K_1 = K_1(L_{K_1}，\tilde{K}_1)，K_2 = K_2(L_{K_2}，\tilde{K}_2)，K_3 = K_3(L_{K_3}，\tilde{K}_3)$$

$$\tag{3.13}$$

在消费品生产部门，生产消费品 q_1、q_2 和 q_3 的劳动力分别为 $(L_1 - L_{K_1})$、$(L_2 - L_{K_2})$ 和 $(L_3 - L_{K_3})$。具体情况是：在消费品生产部门，有 $(L_1 - L_{K_1})$ 的劳动力生产 q_1 产品；有 $(L_2 - L_{K_2})$ 的劳动力生产 q_2 产品；有 $(L_3 - L_{K_3})$ 的劳动力生产 q_3 产品。那么，在消费品生产部门，生产最终消费品 q_i 的劳动供给结构为三维向量：

$$L^s - L_{K_i} = (L_1^s - L_{K_1}，L_2^s - L_{K_2}，L_3^s - L_{K_3}) \tag{3.14}$$

关于技术进步，为简单起见，在消费品生产部门，我们只考虑两种类型，干中学 A_L 和资本品品种增加型 A_K，但不在资本品生产部门考虑技术进步。对于三种产品，存在三种生产函数，规模报酬不变，分别为：

$$q_1 = F(A_{L_1}L_1，A_{K_1}K_1)，q_2 = F(A_{L_2}L_2，A_{K_2}K_2)，q_3 = F(A_{L_3}L_3，A_{K_3}K_3)$$

$$\tag{3.15}$$

在产业中，对于一种最终消费品 q_i 的生产，总共投入了 $L_i^s = (L_i^s - L_{K_I} + L_{K_I})$ 的劳动，其中，$(L_i^s - L_{K_i})$ 为在消费品生产部门生产最终消费品的劳动力；L_{K_i} 为在资本品生产部门生产资本品的劳动力。A_i 综合反映各产业各种技术进步效应。该最终消费品的总价值包括资本品生产部门所创造的价值（即消费品生产部门所消耗的资本品价值）以及最终消费品生产部门所创造的价值。那么，社会最终消费品产出或总供给结构为三维向量：

$$Q^S = (q_1^S, \ q_2^S, \ q_3^S) \tag{3.16}$$

二、产业需求与价格

在现实中，影响需求的因素有很多，主要有偏好、国民收入、物价水平、商品的价格结构、受教育水平、收入公平和人口结构等。在诸多的影响因素中，经济学主要研究价格和收入因素，其他因素是外生的，不予考虑。

价格是由市场需求和市场供给决定的，所形成的价格只能对单个微观经济主体发挥作用。但在宏观经济中，价格是总需求和总供给的因变量。其变动是总需求和总供给在市场中共同作用的结果，不能对总需求和总供给产生作用。所以，不能把价格作为总需求和总供给的自变量。在只有一个最终消费品为研究对象的宏观经济学中，价格变化只是直接影响经济社会名义收入的变动，而对经济社会的实际收入毫无影响，同时也失去了对不同产品进行价值同度的作用。因此，在只有一个最终消费品为研究对象的宏观经济学中，总需求是指在其他经济变量既定的情况下，经济社会在每一个实际收入水平上对最终消费品的需求总量（高鸿业，2003）。

在研究结构的理论中，价格表现为具有结构性特征，如式（3.7）所示。产品之间的价格波动能反映总需求在不同产品之间的消长变动。但本质上，三次产业最终消费品的价格仍然是三次产业产品的总需求和总供给在交换环节中确定的。价格变动要依赖于总需求结构及其总量的变动，不能反过来对总需求及其结构产生影响。

把名义国民收入扣除物价水平（通货膨胀率）影响后就是实际国民

收入。假定货币严格中性，只起交换的媒介作用，对国民经济和个体不存在"货币幻觉"效应。从本质上说，正是供给和需求的共同作用决定了收入结构，价格也是由总供给和总需求决定的，而不是决定总需求和总供给。归根结底，决定以产业为特征的总需求结构的因素是实际国民收入结构和偏好。其他因素只是在短期影响总需求结构。

三、产业需求结构

在三次产业中，对于第 i 产业生产 q_i 商品，全部提供给市场，供给量为 q_i^s。在市场上，每个产业都用其生产的产品 q_i 分别同另外两种产业生产的产品进行交换。例如，第一产业用 q_1^d 中的一部分交换 q_2 和 q_3，分别交换到 q_{12}^d、q_{13}^d。交换后，第一产业的需求结构为三维向量：

$$q_{1i}^d = (q_{11}^d, q_{12}^d, q_{13}^d) \tag{3.17}$$

进一步由式（3.17）可得出产业需求结构 Q^D 为三维向量空间，是一个 3×3 的矩阵：

$$Q^D = \begin{bmatrix} q_{11}^d & q_{12}^d & q_{13}^d \\ q_{21}^d & q_{22}^d & q_{23}^d \\ q_{31}^d & q_{32}^d & q_{33}^d \end{bmatrix} \tag{3.18}$$

由于每个个体同一消费品的需求量可以相加，产业需求结构也可表示为

$$Q^D = (q_1^d, q_2^d, q_3^d) \tag{3.19}$$

其中，$q_i^d = q_{1i}^d + q_{2i}^d + q_{3i}^d$，并且 $q_1^d = \sum_{i=1}^{3} q_{i1}^d$，$q_2^d = \sum_{i=1}^{3} q_{i2}^d$，$q_3^d = \sum_{i=1}^{3} q_{i3}^d$。

产业供给结构式（3.16）反映了三次产业最终消费品生产的产量结构。在生产的帕累托最优均衡条件的约束下，产业供给结构是一种生产均衡结构，代表了三次产业的最大生产能力。与产业供给结构相比较，产业需求结构式（3.17）的含义并不是这样的，q_i^d 反映的是整个经济社

会所有消费者对 q_i 产品的社会总需求。那么，产业需求结构反映了整个经济社会所有消费者对三次产业三种产品的总需求量及其需求构成。

对于每个产业，其产品供给是在产业内实现的，是在产业内可控制的。与产业供给结构相比，产业需求结构决定要更为复杂。而需求结构决定不能在产业内实现。在一个从生产、交换、分配到消费完整的经济活动过程中，需求是在交换环节中实现的。在三次产业中，每个产业都在市场上用其生产的产品 q_i 分别同另外两种产业生产的产品进行交换。那么，某一产业用所生产的最终消费品中的一部分和其他两个产业的产品相交换，在交换的帕累托最优均衡条件的约束下，具体用多少产品交换到多少其他产品，不仅取决于产业自身生产的产量（供给量），以及对三种产品的偏好，而且还取决于交换双方的交换产品量及其偏好。可见，某一产业对三次产业产品的需求是交换双方之间的一个反应函数。交换后，所形成的需求结构是一个均衡结构。只有当整个社会的交换达到了交换的帕累托最优均衡状态时，交换得以实现和完成，而随之产业需求结构也得以确定。可见，产业需求结构决定于经济社会的产业供给结构和社会对不同产品的偏好需求结构。

第四节　国民收入的结构决定

当产业供给结构为式（3.16）时，每个产业都需要交换到自己需要的消费品以用于消费，则构成了经济的产业需求结构式（3.19）。在市场交换得以实现时，各产业产品价格也得以确定。最后，国民收入及其结构也能得以确定。

在市场中，每个产业用其生产的产品 q_i 分别同另外两种产业的产品进行交换。由此，可计算出商品 q_i 与其他商品的交换价格（将 q_1 商品视为货币），第二产业用 q_{12}^d 单位的 q_2 商品换取了第一产业的 q_{21}^d 单位的

q_1 商品，所以 q_2 商品的价格是 $p_2 = \dfrac{q_{21}^d}{q_{12}^d}$；同样，第三产业用 q_{13}^d 单位的 q_3 商品换取了第一产业的 q_{31}^d 单位的 q_1 商品，所以 q_3 商品的价格是 $p_3 = \dfrac{q_{21}^d}{q_{12}^d}$。最后，社会的交换价格结构 P，为三维向量，即：

$$P = (p_1,\ p_2,\ p_3) = \left(1,\ \frac{q_{21}^d}{q_{12}^d},\ \frac{q_{31}^d}{q_{13}^d}\right) \tag{3.20}$$

在市场出清时，对于第一产业产品供给量为 q_1^s，其价格为 p_1，而 $p_1 = 1$，从而可得，第一产业收入 Y_1 为 $Y_1 = p_1 q_1 = q_1^s$；第二产业产品供给量为 q_2^s，其价格为 p_2，而 $p_2 = \dfrac{q_{21}^d}{q_{12}^d}$，从而可得，第二产业收入 Y_2 为 $Y_2 = p_2 q_2 = q_2^s \dfrac{q_{21}^d}{q_{12}^d}$；第三产业产品供给量为 q_3^s，其价格为 p_3，而 $p_s = \dfrac{q_{31}^d}{q_{13}^d}$，从而可得，第三产业收入 Y_3 为 $Y_3 = p_3 q_3 = q_3^s \dfrac{q_{31}^d}{q_{13}^d}$。最后，划分为三次产业的国民收入结构 Y_i，国民收入 Y 为：

$$Y_i = (Y_1,\ Y_2,\ Y_3) = \left(q_1^s,\ q_2^s \frac{q_{21}^d}{q_{12}^d},\ q_3^s \frac{q_{31}^d}{q_{13}^d}\right),$$

$$Y = \sum_{i=1}^{3} Y_i = q_1^s + q_2^s \frac{q_{21}^d}{q_{12}^d} + q_3^s \frac{q_{31}^d}{q_{13}^d} \tag{3.21}$$

从国民收入结构决定的流程图 3 - 4 中可看出，一个经济社会在一个轮次的经济活动中，从最初投入的要素开始到国民收入最终决定的全部过程中，其经济变量的决定过程要经过三个环节，具体如下：

首先，产业供给结构决定过程是初始要素状况→资本品生产部门和消费品生产部门的生产力结构水平→最终消费品和资本品结构→产业最终消费品供给结构；其次，产业需求结构决定过程是交换初始禀赋和社会的偏好结构→产业需求结构；最后，产业需求结构和产业供给结构→均衡需求量和产品的价格结构→三次产业的收入结构→国民收入。

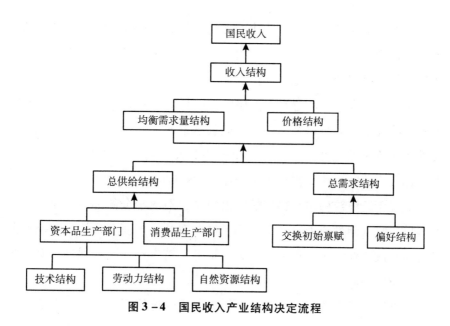

图 3-4　国民收入产业结构决定流程

　　至此，可对产业结构进行定义。产业结构是一个综合概念，在以产业为特征的国民收入决定中，是所有经济变量结构及其联系的总和。需求是一种观念上的，非实在的概念，所以，狭义的产业结构又是指供给方面的产业结构。条件既定时，变量供给结构一一对应，因而，可用一个变量结构加以反映，我们选择劳动力供给结构反映狭义的产业结构。

第五节　本 章 小 结

　　经济存在结构。只有把握了经济结构才能认知经济运行的机制，认识经济，从中找出问题的原因，最终给出正确的解决问题的方法，从而制定出正确的政策制度。

　　把国民经济总体划分为不同的组成部分是遵照某种标准划分的，划分标准不同，组成部分的性质及比例关系都不同，经济的结构就有所不同。以最终消费品为标准，把所有生产同一最终消费品的企业集合体称之为产业。按照产业纵向一体化的理论，从最初投入到最终消费品的全部生产过程都包含在这一产业之内。一个产业包含了初始投入、资本品生产部门和最终消费品生产部门。

从定义上来看，产业具有多层次性。划分口径越大，产业就越具有宏观经济性质；划分口径越细，产业就越偏向于微观性质，这种层次意义的产业只注重于产业间投入产出的关联性以及生产技术、工艺标准，并不适合于研究价格、供求关系的经济学研究。

由于在经济结构中有很多最终消费品，不便于全部都罗列出来，因此再按照收入弹性或者是"筱原两基准"理论，把所有最终消费品产业归类为三次产业。第一产业收入弹性最低，第三产业收入弹性最高，第二产业位居中间。

从价值构成上看，一个产业最终消费品的价值不仅包括消费品生产部门劳动创造的价值，也包括资本品生产部门的劳动创造的价值，也就是说，为哪一个产业提供资本品服务的资本品价值就应该计入这一产业中，而不需要单独列出。

对于生产不同最终消费品的产业之间，在生产上不存在任何经济关系，但在消费上存在交换关系。

第四章

短期产业结构优化
——产业结构均衡

第一节　长期与短期的划分

作为一种机制或系统，经济运行的结果就是要达到均衡状态，因而，均衡也可认为是经济学的理论研究尺度。在经济学中，均衡有两层意思，一是两个经济变量值相等，如市场供求均衡，这是均衡的最基本含义。另一层意思是某一经济变量自身达到最优化，例如，消费者均衡指的就是在收入预算，商品价格既定时，达到效用最大化时的一种状态。但无论哪种含义，经济均衡的实现与其说与时间有着紧密相关的关系，还不如说达到均衡状态是一个过程，需要时间，不是一蹴而就的。

在经济学中，短期、长期的区分并不是简单地以时间长短而论。在微观经济学中，长期与短期是以产品生产规模能否变化为划分标准区分的。如果所有投入要素都变动，则规模就发生变化，这就是长期。显然，短期就意味着规模不变，只有部分生产要素可以变化。微观经济学一般论述的是只有两种投入要素的生产，即资本和劳动。如果两种要素的数量都可变，就是长期生产；如果资本数量不可变，只有劳动的数量可变，就是短期生产。另外，之所以不是反过来说劳动量不可变，只有资本量可变谓之"短期"，是因为在现实中，劳动的数量比资本的数量更容易变化。当然，其规模变化区分长期和短期是相对的。对于不同的产业，长期和短期的具体时间截取是不一样的。比如对于食品加工、服装制造和零售业来说，两三年就算长期了，但对于远洋轮船制造企业来说，可能10年还是短期呢。

既然经济运行有长期和短期之分。同样，经济均衡也有短期均衡和长期均衡之分。长期均衡和短期均衡的区分是由马歇尔提出的（马歇尔，1890），他分析了每个单独市场的价格决定，并在这种分析中，提出在供给函数条件下不一样的三种均衡概念，具体为暂时均衡、短期均衡和长期均衡。

与微观经济相对应，在宏观经济中，国民经济的运行也需要有长期和短期之分。在现有的经济学理论中，宏观经济学并没有旗帜鲜明地提出长期、短期的划界问题。为了从宏观经济学角度研究产业结构，则必须对长期和短期进行明确的划分；科学地界定经济的长期与短期是至关重要的。在这里和微观经济学中的划分有所不同，我们使用短期和长期的划分标准是在宏观经济学的框架内以产业结构研究为目的。划分经济长期与短期的标准既不是以时间的长短为依据，也不是以生产规模变化为依据，而是经济社会最大生产能力是否改变为依据。

在短期，经济社会的最大生产能力既定不变，换言之，生产可能性边界不变。因此，在社会资源总量既定不变，生产技术不变的条件下，短期所要研究的问题是经济系统如何实现产出最大化。

还需要说明的是，在短期还包含即期或瞬时问题，它指的是在即期或瞬时，不但社会资源总量、生产技术既定不变，而且一切经济变量结构都是既定不变的。因而可知，在即期或瞬时，作为一个系统，经济无法对各种内生的经济变量进行调节从而达到均衡。经济中存在很多不确定性，所以在即期或瞬时，很难始终处在生产、交换以及最终的均衡状态。

在长期，经济中一切都是可变的。社会经济资源在不断增加，也存在技术进步，从而使得最大生产能力不断提升，社会经济的生产可能性边界不断向外移动。那么，假定经济结构始终处在均衡状态，或者说国民经济不考虑结构均衡问题的前提条件下，长期经济研究的问题是：社会的最大生产能力如何提升，经济增长如何实现，同时产业结构又是如何变换，且在经济增长中发挥了什么作用。

第二节　关于产业生产函数的论述

一、生产要素与投入

在微观中，单个企业的生产函数可表示为四要素的生产函数，分别为劳动、资本、土地和管理。在微观经济学四要素和其生产函数的基础上，建立了宏观经济的社会生产函数。就生产要素和生产函数而言，在宏观和微观之间不是简单加总的关系，它们之间存在着本质性的差异，这对于建立正确的宏观性产业生产函数显得非常重要。如果产业结构具有宏观性质，那么建立产业生产函数是研究产业结构理论的关键。

为正确研究产业生产函数，我们必须从研究宏观经济的投入与产出入手。宏观经济的产出是指一个经济社会在一定时间内经济活动的最终结果。这个结果是指生产了多少种、多少数量的最终消费品和资本品。当然最终产品也包括存货。存货分为意愿存货和非意愿存货。对于意愿存货是各厂商为了调剂供给和需求而存在的，它的存在不影响经济均衡，但是非意愿存货则因为需求减少使得实际存货超过意愿存货的部分，所以非意愿存货体现了市场供求不均衡。由此可见，存货属于市场是否均衡的问题，因而不予以特别研究。

资本品是生产最终消费必不可少的生产性资料。根据资本品价值转移到产品的性质，如果当年生产的资本品只能补偿当年的折旧，那么下一期的最终消费品产出将保持不变；如果减少（增加），那么下一期最终消费品将减少（增加）。增加资本品的生产会减少本期消费品生产，但能增加未来消费品的生产。作为生产最终消费品的必要手段，社会增加资本品不是目的；经济社会的目的是追求经济福利最大化，为此而增加最终消费品的生产。所有存货和资本品都只是维持人类生产活动持续永不停歇的中间环节和手段。

生产多少取决于投入的多少。要素是生产的起点，宏观经济的生产要素与微观经济的生产要素是不一样的。我们可以使用宏观经济投入产出流程图来对宏观经济要素进行分析。

从宏观经济投入产出的流程图（见图4-1）中，我们不难发现经济社会宏观经济运行的初始起点并不是微观经济的生产四要素，而是直接表现为总人口和自然资源。从职能上，总人口可划分为管理要素和劳动力要素。而劳动力要素分别用于生产资本品和最终消费品。作为劳动对象，

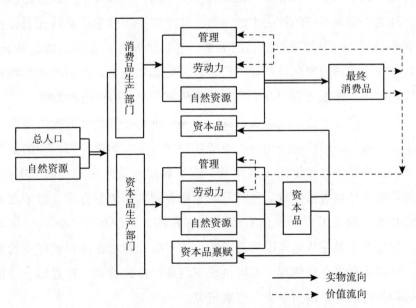

图4-1 经济总量投入产出流程

自然资源也被用于两个方面：一部分用于最终消费品的生产，另一部分用于资本品的生产。在社会生产的一个循环里，资本品既不是起点，也不是终点，是生产和维持再生产循环的必要组成环节，在资本品生产部门内部进行循环。

二、资本与资本品

在生产函数中，资本是被定义为直接参与生产活动的资本品。最终消费品和资本品都是经济社会生产活动的产物。同样作为商品，只有最终消费品才是经济社会生产活动的最终和唯一目标，而资本品不是生产活动的最终目的，是中间过程和生产手段。从资本品的初始投入到最终产出的生产过程来看，资本品是生产资本品的生产部门生产的。作为产品，资本品生产投入主要是劳动、管理、劳动对象和生产资本品的劳动工具（资本品）。

对于生产资本品所使用的资本品，我们称之为资本品生产部门的初始资本品禀赋。当然，也是整个社会的初始资本品禀赋。它是下一轮新资本品生产的投入和生产起点。新生产的资本品总价值扣除转移的初始资本品折旧价值，剩下的价值就是本轮次资本品生产部门创造的新价值，更进一步地说，这个新价值就是新投入的劳动所创造的。由于生产不同最终消费品的资本品是不同质的，所以不可以简单加总。

在经济学中，计量资本品价值都是使用货币价格来度量的。各种不同资本品的不同价格是资本品供给和资本品需求在市场中交换的最终表现。所以，使用价格计量资本品量的货币价值方法我们称之为向后计量法，简单地说，资本品数量可以使用货币价值表示。

在前文的分析中，资本品就是劳动创造的。对于一种特定的具体资本品，在生产技术既定的条件下，劳动与资本品的生产量之间是一一对应的，所以我们可以使用劳动量来表示资本品量的大小。我们把使用生产资本品的劳动量来表示资本品量的方法称之为资本品的向前计量法。

具体用数学语言可做如下分析和表示，设定生产最终消费品 q_i 的资本品为 K_i，其生产函数为：

$$K_i = K_i(L_{K_i}, \ \tilde{K}_i) \tag{4.1}$$

其中，L_{K_i}、$\tilde{K}_i$ 分别表示生产资本品 K_i 劳动的投入量和生产资本品 K_i 所投入的资本品，就是装备资本品。针对资本品生产函数式（4.1），对其求出劳动的反函数为：

$$L_{K_i} = K_i^{-1}(K_i, \ \tilde{K}_i) \tag{4.2}$$

对于资本品禀赋 $\tilde{K}_i$，虽然参与本轮次资本品的生产，但是它的大小是前期经济活动的产物，与本轮经济活动无关，是外生变量，可假定不变。如果不考虑下期生产或生产的连续性，就像自然资源一样，经济社会就可以不予以折旧补偿，一直将其消耗完，那么，全社会的劳动量都在创造最终消费产品。所以在资本品 K_i 生产技术一定的条件下，我们就可以使用其投入的劳动量 L_{K_i} 来表示资本品 K_i。由此可见，在宏观性质的产业生产函数中，社会的资本品总生产量或总供给量就可用生产资本品投入的总劳动量代表并进入产业生产函数。

三、产业生产函数

从定义可知，产业是生产同类产品厂商的集合体。每个厂商都有生产函数，那么产业生产函数是否就是对每个企业的生产函数进行某种方式的加总处理呢？这种做法显然行不通。产业生产函数的建立就是从产业整体视角出发的，那么这就意味着产业内部各厂商的生产情况就成为一个"黑箱"。产业生产函数描述的是产业中所有厂商总投入与它们所有总产出之间的关系，依照这一定义，可以进一步刻画产业生产函数。

设定 L_i 是某一产业的总劳动，其中，L_K、$L_{\tilde{K}_i}$ 分别是该产业资本品生产部门分别生产装备资本品 $\tilde{K}_i$ 和一般资本品 K_i 的劳动力；$L_i - L_{K_i} - L_{\tilde{K}_i}$ 是该产业消费品生产部门的劳动力。在消费品生产部门，共有 n 个厂商生产最终消费品 q_i，第 i 产业最终消费品部门的总生产函数为：

$$q_i = F(L - L_K - L_{\widetilde{K}_i}, \ K_i) \qquad (4.3)$$

其中，K_i 是生产最终消费品产品 q_i 的资本品，由资本品生产部门生产。

所要注意的是式（4.3）是部门生产函数，而不是所在产业的生产函数，因为它没有把整个产业链收纳进去。对于第 i 产业的最终消费品部门来说，生产最终消费品产品 q_i 的资本品 K_i 不是本部门生产的，所以对于最终消费品生产部门来说资本品 K_i 是其生产要素。但要从整个产业来说，资本品 K_i 却又不是生产要素。

按照生产最终消费品 q_i 的一条完整产业链条组成来看：首先，在装备制造业生产装备资本品 $\widetilde{K}_i$；其次，再用 $\widetilde{K}_i$ 生产一般资本品 K_i；最后，生产最终消费品 q_i。那么，要得出含有完整产业链的产业生产函数，需要把一般资本品 K_i 的生产函数式（3.10）和装备资本品式（3.9）分层次递进地带入式（4.3），由此可得：

$$q_i = q_i((\,(K_i(L_{K_i}, \ \widetilde{K}_i(L_{\widetilde{K}_i}, \ \widehat{K}_i)))\,), \ L_i - L_{K_i} - L_{\widetilde{K}_i}) \qquad (4.4)$$

很明显，式（4.4）是一个隐函数。在这个最终消费品部门的总生产函数中，共有 $L_i - L_{K_i} - L_{\widetilde{K}_i}$、$L_{K_i}$、$L_{\widetilde{K}_i}$ 和 $\widehat{K}_i$ 这四个变量。对于变量 $\widehat{K}_i$ 来说，它是生产资本品的资本品禀赋，是前期经济活动的产物，与本轮经济活动无关，是本轮产业活动的外生变量。我们也可以把资本品禀赋 $\widehat{K}$ 等同于自然资源，作为沉没性投入予以对待，可假定不变。如此一来，式（4.4）可又表述为：

$$q_i = q_i(L_i - L_{K_i} - L_{\widetilde{K}_i}, \ L_{K_i}, \ L_{\widetilde{K}_i}) \qquad (4.5)$$

在式（4.5）中，$L_i - L_{K_i} - L_{\widetilde{K}_i}$、$L_{K_i}$ 以及 $L_{\widetilde{K}_i}$ 是该产业生产最终消费品投入的全部劳动，它们之和为 L_i。按照整个产业视角来说，产业在两个部门、三个环节共投入了劳动力 L_i 以生产最终消费品 q_i，那么，由式（4.5）可得第 i 产业的产业生产函数为：

$$Q_i = F(L_i) \qquad (4.6)$$

在式（4.6）中，存在 $L_i = (L_i - L_{K_i} - L_{\widetilde{K}_i}) + L_{K_i} + L_{\widetilde{K}_i}$。

在随后的模型中，关于产业生产函数需要有一个关键假定，即：该生产函数对于资本和有效劳动这两个自变量来说规模报酬是不变的。这就是说，如果资本和劳动的数量加倍，则产量增加了同样的倍数[①]。

更为一般地说，在生产函数中对两个自变量资本品 K_i 和劳动 L_i 同乘以任意非负常数 c 将使产量同比例变动：

$$q_i(cK_i, cL_i) = cq_i(K_i, L_i) \quad (c \geq 0) \tag{4.7}$$

规模报酬不变的假定可被认为结合了两个假定。第一个假定是，宏观经济中，经济足够大，从而专业化中可得的收益已被穷尽。在一个很小的经济中，进一步专业化很可能存在收益可图，及投入加倍将使产出得到更大的加倍。不过，在索洛的新古典增长模型中就假定，经济足够大，从而在资本和劳动投入加倍时，对新投入品的使用方式实际上与对已有投入品的使用方式一样，因而产量加倍。本书中研究的各产业生产函数也完全遵照地采用这种假定。第二个假定是，资本、劳动和知识以外的投入品是相对不重要的。具体而言，该模型忽视了土地和其他经济资源。如果自然资源是重要的，那么资本和劳动加倍可能使产量少于投入的加倍数。实际上，自然资源的可得性对此似乎不是一个主要的约束。

由规模报酬不变的假定，生产投入增加一个非负常数 c，将使产量同比例变动，则式（4.7）可为：

$$Q_i(cL_i) = cQ_i(L_i) \quad (c \geq 0) \tag{4.8}$$

规模报酬不变的假定同样也能使我们得以使用密集形式的生产函数。令 $c = \dfrac{1}{L_i}$ 代入式（4.8）中得：$Q_i\left(\dfrac{L_i}{L_i}\right) = \dfrac{Q_i(L_i)}{L_i} = Q_i(1)$。

在上式中，实际上 $\dfrac{Q_i(L_i)}{L_i}$ 就是每单位劳动的平均产量，表示为 $q_i(1)$，具体可写成

$$Q_i\left(\frac{L_i}{L_i}\right) = \frac{Q_i(L_i)}{L_i} = q_i(1) \tag{4.9}$$

[①] 为显示一般性，关于规模报酬不变所使用的生产函数依旧是含有资本品的生产函数，而不是式（4.6）形式的产业生产函数。

对于式（4.9）来说，我们可以把每单位劳动的平均产量 q_i 既可看作是第 i 产业平均劳动生产率，也可看作是单位劳动的生产能力。进一步地说，$q_1 = q_1(1)$ 和 $q_2 = q_2(1)$ 分别表示社会中每个个体生产 q_1 和 q_2 产品的个体劳动生产率。

第三节　产业结构均衡的实现条件

均衡分析是经济学的重要分析方法。几乎所有宏观经济学学派的理论都是围绕各自的均衡而建立的。均衡产业结构需要研究的是：在经济资源既定，没有技术进步条件下，产业供求结构能否实现均衡，以及国民收入是否达到最大，最终使得要素不再在产业间转移，从而达到结构性均衡的稳定状态。

一、前提与假定

在短期，经济资源总量假定不变，没有技术进步，生产技术系数固定，没有初始禀赋，没有储蓄和进出口，当年生产的产品全部用于消费。所有信息是完全的，以保证产品和要素交换是公平的（徐德云，2003、2008）。

在经济中，没有消费品初始禀赋，没有储蓄和进出口，当年生产的产品全部用于消费。

二、投入与产出

为简单起见，社会是两部门经济，只有两个产业，以 i 表示，分别生产两种用于最终消费且相互独立的产品 q_1、q_2。

在短期，经济资源不变。人口总量 L 既定，为 $L = \tilde{L}$，人口增长率

n = 0。为简单起见，还假定 L 中的每一个个体是社会人，所含有的自然属性是同质的，是统计学家凯特勒所说的"平均人"，则每个个体之间的消费偏好、人力资本完全一样，无任何不同信息。

设 L_1 或 L_2 分别是对生产 q_1 和对生产 q_2 拥有生产能力的劳动人口，即 $L = \tilde{L} = (L_1 + L_2)$。二维向量 $L = (L_1, L_2)$ 代表以产业为特征的劳动力结构，L_1 是第一产业生产 q_1 产品的劳动力，其中，$L_1 - L_{K_1} - L_{\tilde{K}_1}$ 是第一产业消费品生产部门的劳动力，$L_{K_1} + L_{\tilde{K}_1}$ 是第一产业资本品生产部门生产资本品 K_1 的劳动力；L_2 是第二产业生产 q_2 产品的劳动力，其中，$L_2 - L_{K_2} - L_{\tilde{K}_2}$ 是第二产业消费品生产部门的劳动力，$L_{K_2} + L_{\tilde{K}_2}$ 是第二产业资本品生产部门生产资本品 K_2 的劳动力。最终消费品生产部门生产 q_1、q_2 的资本品结构为二维向量，即 $K = (K_1, K_2)$。

三、需 求 与 供 给

从供给角度来说，生产 q_1 和 q_2 的劳动力总供给分别设为 L_1^s、L_2^s，其中，$L_1^s \leq L_1$、$L_2^s \leq L_2$。S 表示产品总供给结构，在人均产出为式（4.9）时，可得产品供给状况为：

$$S = (L_1^s q_1(1), L_2^s q_2(1)) \tag{4.10}$$

从消费角度来说，所有人口都是消费者，他们对 q_1 和 q_2 产品都有消费需求，设个体的消费需求分别为 q_{i1}^d、q_{i2}^d。由于考虑到产业结构性质，进一步设定第 i 产业的个体消费者对 q_i 的消费需求为 q_{ii}^d。显然，q_{ii}^d 表示第 i 产业个体对 q_i 产品的消费需求向量，其中，q_{ii}^d 中的前一个 i 表示第 i 产业，后一个 i 表示 q_i 产品。第 i 产业的个体对 q_1 和 q_2 的消费需求分别为 q_{i1}^d，q_{i2}^d。

从向量上来看，第 i 产业个体消费状况为：

$$q_{ii}^d = (q_{i1}^d, q_{i2}^d) = ((q_{11}^d, q_{12}^d), (q_{21}^d, q_{22}^d)) \tag{4.11}$$

在产业劳动力结构为 $L = (L_1, L_2)$ 时，结合式（4.11），由此可知，整个社会第一产业和第二产业对 q_i 产品的总需求就为 $L_1q_{1i}^d + L_2q_{2i}^d$。D 表示产品总需求结构，那么总需求结构则为：

$$D = L_iq_{ii}^d = \begin{bmatrix} L_1, & L_2 \end{bmatrix} \begin{bmatrix} q_{11}^d & q_{12}^d \\ q_{21}^d & q_{22}^d \end{bmatrix} = (L_1q_{11}^d + L_2q_{21}^d, \ L_1q_{12}^d + L_2q_{22}^d)$$

$$(4.12)$$

其中，$L_1q_{11}^d + L_2q_{21}^d$ 表示整个社会对 q_1 产品的总需求量，也表示 q_1 总产品在第二产业中的一个消费配置结构。那么，同样可得 $L_1q_{12}^d + L_2q_{22}^d$ 也具有相应的经济含义。

$S \equiv D$ 表示在结构上总供给等于总需求，产品市场出清。把式（4.10）和式（4.12）代入恒等式，可得：

$$(L_1^sq_1(1), \ L_2^sq_2(1)) = (L_1q_{11}^d + L_2q_{21}^d, \ L_1q_{12}^d + L_2q_{22}^d) \quad (4.13)$$

此外，二维向量：

$$L_i^d = (L_1^d, \ L_2^d) \tag{4.14}$$

代表以产业为特征，也含有增长性质的劳动力需求结构。当人均生产函数为式（4.9）时，如果社会对 q_i 产品的总需求量为式（4.12）中的 $L_1q_{1i}^d + L_2q_{2i}^d$，由此可得出相应的劳动需求为：

$$L_i^d = \frac{L_1q_{1i}^d + L_2q_{2i}^d}{q_i(1)} \tag{4.15}$$

在劳动力要素市场均衡条件下，各产业劳动力供求均衡，因而存在着 $L_1^d = L_1^s$ 和 $L_2^d = L_2^s$，同时总劳动力之间存在：

$$L_1^d + L_2^d = L_1^s + L_2^s = \tilde{L} \tag{4.16}$$

另外，各产业的劳动力需求结构式（4.16）也隐含着这种情况：L_1^d 是对第一产业生产 q_1 产品的劳动力需求。$L_1^d - L_{K_1}^d$ 是第一产业消费品生产部门的劳动力需求，$L_{K_1}^d$ 是对第一产业资本品生产部门的劳动力需求；L_2^d 是第二产业生产 q_2 产品的劳动力。其中，$L_2^d - L_{K_2}^d$ 是第二产业消费品生产部门的劳动力需求，$L_{K_2}^d$ 是第二产业资本品生产部门的劳动力需求。社会对资本品的需求结构是生产二种产品的第二次产业资本品结构，为二维向量：$K^d = (K_1^d, K_2^d)$。

四、构建模型

（一）建立社会福利函数

早期的福利经济学是庇古以人际间可比和基数福利假设为基础创立的，旨在通过制定理性的经济政策来改善人类福利。它自然和边沁主义者的个人福利之和最大，以寻求全社会最优资源配置的理论主张不谋而合。

20世纪30年代，罗宾斯基于序数论理论严厉批评了庇古的福利经济学的认识论基础。为完善和发展福利经济学理论，福利经济学家做出了很多努力。其中，柏格森（1938）和萨缪尔森（1947）引入了社会福利函数。

根据代表个体 i 偏好 $\succeq_i$ 的一组连续的效用函数 $u_i(q_{ii})$，可以建立整个经济社会的效用可能集 $U = \{(u_1(q_{1i}), q_2(x_{2i})) \in R^2$：对于 $i = 1, 2$，有一个可行配置（$q, f(L, k)$）使 $u_i \leq u_i(q_{ii})\}$ 来表示可达到的效用水平集。这个效用水平集的边界就是社会福利函数，设为

$$W = W(u_1(q_{1i}), u_2(q_{2i})) \tag{4.17}$$

社会福利函数建立在集合了社会中每个个体的偏好群之上，存在的关键是要求社会福利对个体的效用水平是非递减的。

但阿罗认为柏格森—萨缪尔森社会福利函数的逻辑基础，由个人偏好顺序而形成伦理顺序的过程或规则不合理。这就是阿罗一般不可能性定理，由此在福利经济学理论界引发了一场持久的争论。

阿罗不可能性定理能否定帕累托福利经济学的社会函数理论吗？利特尔（1952）、伯格森（1954）、萨缪尔森（1967、1981）和其他一些学者再三坚持断定阿罗悖论对帕累托福利经济学毫无影响。他们将阿罗的观点从经济学搬至政治学中，并认为阿罗基于存在某种规章的不可能性定理是对数理政治学的首创性贡献。在福利经济学与数理政治学之间的边界其实非常明显。在福利经济学中，个人偏好是既定的，而对于政

治，个人持有意见有多种，且可正反变化。而最关键的是不同政见者之间相互敌对，这在经济学中不存在。

简单来说，阿罗定理指的是具有不同偏好的众多社会成员在民主制度下不可能得到令所有人都满意的结果。根据这一定理，从个体偏好到社会整体偏好不能轻易地运用加总规则。摆脱阿罗定理结论的办法可以假定每个个体是社会人，其人力资本、偏好等自然属性是同质的，是统计学家凯特勒所说的"平均人"。由此，就可以直接把个体偏好加总为社会偏好群，那么就可以得出一个社会福利函数。但是在现实世界里毕竟每个人的偏好存在差异，把每个个体的偏好差异一般化、抽象化的假定只是绕过了阿罗不可能定理，不能令人信服，问题依旧摆在面前。

对选举的态度有赞成、无所谓和反对。对于项目 y，个体 1 赞成，则 $u_1(y) > 0$；而个体 2 可能因为自己利益受损，也可能因为纯粹不喜欢而反对，则 $u_2(y) < 0$。如果项目通过，在社会福利函数式（4.17）中，社会福利有可能增加，有可能倒退，显然对个体的效用水平既非单调，也不是非递减的。除非所有人意见一致（或都反对，或都赞同），在意见不一致时，不论有没有独裁，选举的社会福利函数均不存在。

虽然人们对于某种商品的态度有偏爱和厌恶之分，但与选举结果具有强加性不同，商品消费具有排他性，也具有排己性。偏爱的人自动选择消费而获得效用，但厌恶者会自动选择不消费，把自己排除在厌恶的商品消费之外，利益不受损失。

假定有一种商品 y，个体 1 喜爱，则 $u_1(y) > 0$；个体 2 厌恶 y，则 $u_2(y) < 0$。如果社会总消费了 $y = y_0$ 产品。在自我选择下，该商品的消费全是偏爱者，而厌恶者没有消费，可得 $W = u_1(y) + u_2(y) = u_1(y_0) + u_2(0) = u_1(y_0) > 0$。显然，这个商品消费的社会福利函数对每个个体的效用水平是单调的、非递减的。进一步地，由于每个个体效用函数是凹函数，效用水平集是凸的，则社会福利函数也是凹函数，效用水平集是凸的。可见，阿罗悖论不影响在经济学中使用社会函数。商品的社会福利函数是存在的，不用担心阿罗不可能定理的约束。

设定个体消费者 h，具有理性偏好关系，消费集为 R_2^+。经济是分工专业化生产的，生产出产品后，在两个产业之间经过交换形成消费配置，才能进行消费，式（4.11）就是每个消费者的非负消费向量的分配。经济中的配置 $q_{ii}^d \in R_4^+$ 是对每个消费者的非负消费向量的分配：$q_{ii}^d = ((q_{11}^d，q_{12}^d)，(q_{211}^d，q_{22}^d))$ 其中，q_{ii}^d 中的前一个 i 表示第 i 产业，后一个 i 表示 i 产品。显然，q_{ii}^d 意味着第 i 产业单个个体对 q_i 产品的消费向量。还假定消费者个体在消费集 R_2^+ 中的各消费向量上具有理性的偏好关系。$u_i(q_{ii}^d)$ 是严格凸的，从而个体的效用函数是严格拟凸的。因而 $u_i(q_{ii}^d)$ 是严格单调递增的，存在 $u_i'(q_{ii}^d) > 0$，$u_i''(q_{ii}^d) < 0$。根据"平均人"的假定，社会中的每一个个体的效用函数相同，就存在总的社会福利函数，所以全体个体效用的简单加总就可得出整个社会的经济福利，以产业为特征表示为：

$$U = L_1 u_1(q_{11}^d，q_{12}^d) + L_2 u_2(q_{21}^d，q_{22}^d) \tag{4.18}$$

又由于 q_1、q_2 产品是独立的，则个体的效用函数可为：

$$u_1(q_{ii}^d，y_{i2}^d) = u_i(q_{ii}^d) + u_i(q_{i2}^d) \tag{4.19}$$

那么，把式（4.19）代入式（4.18），以产业为特征的社会总效用可表示为：

$$U = L_1 u_1(q_{11}^d) + L_1 u_1(q_{12}^d) + L_2 u_2(q_{21}^d) + L_2 u_2(q_{22}^d) \tag{4.20}$$

（二）建立预算线

当生产技术、消费偏好及劳动力一定时，一个经济社会的消费量从根本上取决于这一社会的生产能力，也就是技术进步和劳动力总人数。换言之，在短期，技术既定下，最终消费量取决于市场的均衡机制能力和商品供给量，而商品供给量则是由就业人口生产的，而生产某一产品的实际就业人口取决于该产品的总需求，且又不能超过总就业人口。因此建立仅以劳动力人口为约束的预算。由于创造财富的最大人口不能超过总人口，或者说劳动力需求不能超越总人口，由式（4.14）和式（4.15）可得预算线方程：

$$\widetilde{L} \geqslant L_1^d + nL_2^d = \frac{L_1 q_{11}^d + L_2 q_{21}^d}{q_1(1)} + \frac{L_1 q_{12}^d + L_2 q_{22}^d}{q_2(1)} \tag{4.21}$$

（三）模型求解

消费者有一个凸偏好，社会总效用函数为 $U(q_{ii}^d, q_{i2}^d)$，预算约束为 $\widetilde{L}$；人均生产函数 q_i 以二维向量 $q_i = (q_1, q_2)$ 表示，它对消费者是外生的，不会因消费者购买消费行为变化而变化。经济社会面临的问题是追求式（4.20）达到最大化，可得：

$$\text{Max:} \quad U(q_{ii}^d) \tag{4.22}$$
$$\text{s.t.} \quad L_1^d + L_2^d \leqslant \widetilde{L}$$
$$q_{ii}^d > 0$$

由于 $q_{ii}^d > 0$，严格存在二次产业，角点解就不存在，即 $q_{ii}^d > 0$ 中每个等式都不束紧，那么，不等式约束就转化为等式约束。按等式约束最优值问题的标准解法，在 R_R^+ 的内点可解出关于人均生产函数最优值的一阶必要条件：

$$\lambda = \frac{u'(q_{11}^d)}{\frac{1}{q_1(1)}} = \frac{u'(q_{21}^d)}{\frac{1}{q_1(1)}} = \frac{u'(q_{12}^d)}{\frac{1}{q_2(1)}} = \frac{u'(q_{22}^d)}{\frac{1}{q_2(1)}} \tag{4.23}$$

在均衡解式（4.23）中，$\frac{1}{q_1(1)}$、$\frac{1}{q_2(1)}$ 分别表示生产一单位 q_1、q_2 产品需要多少的劳动力。那么，一阶条件 λ 就意味着：当不同产业生产不同产品时，如果投入到每种产品的单位劳动力所创造的效用相同，则社会经济福利实现最大化。λ 可被称为劳动的边际效用。同时，二阶条件为负，最优值是最大值。

由于"平均人"的假定，社会中的每一个个体的效用函数是相同的，因此在均衡式（4.23）中，存在 $q_{11}^d = q_{12}^d$ 和 $q_{12}^d = q_{22}^d$。在此，把均衡条件下的 q_{11}^d、q_{22}^d 分别设为 q_1^* 和 q_1^*，代入式（4.23），均衡条件进一步可刻画为：

$$\lambda = \frac{u'(q_1^*)}{\frac{1}{q_1(1)}} = \frac{u'(q_2^*)}{\frac{1}{q_2(1)}} \tag{4.24}$$

（四）均衡产出

在结构均衡条件下，把 q_{11}^d、q_{22}^d 设为 q_1^* 和 q_1^*，并代入式（4.12），并根据式（4.10），均衡的产业消费需求结构 D^* 为：

$$D^* = (L_1 q_1^* + L_2 q_1^*, \ L_1 q_2^* + L_2 q_2^{*d}) = (L q_1^*, \ L q_2^*) \quad (4.25)$$

在均衡状态下，供求结构一致。把产业供给结构式（4.10）和产业均衡需求结构式（4.25）代入供求均衡恒等式，为 $(L q_1^*, \ L q_2^*) \equiv (L_1^s q_1(1), \ L_2^s q_2(2))$，由此可得：

$$L q_1^* = L_1^s q_1(1), \ L q_2^* = L_2^s q_2(1) \quad (4.26)$$

在劳动生产率 $q_i(1)$ 既定时，产品总需求，总供给分别决定了劳动需求和劳动供给。如果产品市场出清，则劳动力需求供给一致，劳动市场也出清。在（4.26）式中所包含的劳动力供给结构 $(L_1^s, \ L_2^s)$ 与劳动力需求结构一致，是劳动的均衡结构，对于式（4.26），进一步可得出产业结构均衡下的劳动力均衡结构

$$L_1^s = L \frac{q_1^*}{q_1(1)}, \ L_2^s = L \frac{q_2^*}{q_2(1)} \quad (4.27)$$

根据式（4.27），把均衡劳动力结构设为 L_i^*，即为 $L_i^* = (L_1^*, \ L_2^*)$。将均衡的劳动力结构代入产业供给结构式（4.10），则均衡的产业供给结构为

$$S^* = (L_1^* q_1(1), \ L_2^* q_2(1)) \quad (4.28)$$

（五）产业结构均衡时的国民收入核算

从宏观层次看，需要利用国民收入核算对经济均衡结构做进一步的分析。各产业通过市场交换出售各自生产的产品来获得收入，再购买所需要的产品进行消费以获得效用，在这一过程中，价格确定。

设定 p_1、p_2 分别为最终消费品 q_1、q_2 的价格；国民收入为 Y，第一产业、第二产业的国民收入分别为 Y_1 和 Y_2，显然 $Y = Y_1 + Y_2$；居民消费总支出设为 C，同时以产业为特征的第一产业、第二产业居民消费支出分别为 C_1 和 C_2。

在产业结构均衡状态时，均衡的产业供给结构式（4.28）就是生产

状况，则按生产法计算的 Y_1 和 Y_2 分别为

$$Y_1 = p_1 L_1^* q_1(1)，Y_2 = p_2 L_2^* q_2(1) \tag{4.29}$$

由于存在 $Y = Y_1 + Y_2$，所以国民收入 Y 为：

$$Y = Y_1 + Y_2 = p_1 L_1^* q_1(1) + p_2 L_2^* q_2(1) \tag{4.30}$$

在式（4.25）中，含有产业结构均衡时两个产业的均衡消费结构，分别乘以价格，就可得到第一产业、第二产业的居民消费支出 C_1 和 C_2：

$$C_1^* = p_1 L_1^* q_1^* + p_2 L_1^* q_2^*，C_2^* = p_1 L_1^* q_1^* + p_2 L_2^* q_2^* \tag{4.31}$$

另外，按支出法计算的两部门国民收入恒等式为 $Y = C + S = C + I$。其中，由于没有考虑储蓄和投资，则储蓄和投资都为 0，因此，存在 $Y = C$，并将式（4.31）代入其中，进一步可得按支出法计算的国民收入：

$$Y = C = C_1 + C_2 = p_1 L_1^* q_1^* + p_1 L_1^* q_2^* + p_1 L_2^* q_1^* + p_2 L_2^* q_2^* \tag{4.32}$$

由于没有储蓄和投资，所以存在 $Y_i = C_i$，由此联系式（4.29）和式（4.31），可得：

$$Y_1 = p_1 L_1^* q_1(1) = C_1 = p_1 L_1^* q_1^* + p_2 L_1^* q_2^* \tag{4.33}$$

同样可得：

$$Y_2 = p_1 L_2^* q_2(1) = C_2 = p_1 L_2^* q_1^* + p_2 L_2^* q_2^* \tag{4.34}$$

五、产业结构均衡的实现条件

对式（4.33）和式（4.34）进行对比可以发现，在各产业的实际消费中，有一部分产品不是自己生产的，而是用生产的一部分产品与另一个产业进行交换而得来的。第一产业、第二产业分别利用各自生产的产品进行交换。由式（4.28）可知在产业结构均衡时，第一产业生产了 $L_1^* q_1(1)$ 量的产品 q_1；第二产业生产了 $L_2^* q_2(1)$ 量的产品 q_2。从式（4.33）和式（4.34）对比中发现，在市场交换中，第一产业用 $p L_2^* q_1^*$ 和第二产业的 $L_1^* q_2^*$ 相交换。根据等价交换的原则，二者价值相等，即：

$$p_1 L_2^* q_1^* = p_2 L_1^* q_2^* \tag{4.35}$$

抛开货币的交换媒介作用，一种商品的价格实质上就是与另一种商品之间的交换比率。不妨将市场价格 p_1 规范为 1，或者把 q_1 商品设为货币。这样由式（4.35）可以得出在均衡条件下 q_2 的市场价格 p_2 为 $\dfrac{L_2^* q_1^*}{L_1^* q_2^*}$。作为交换媒介，货币保持严格意义上的中性。交换后，价格得以决定。可见，在产业均衡条件下，商品价格是确定的、唯一的，产业均衡价格结构为：

$$p_i^* = (p_1^*, \ p_2^*) = \left(1, \ \frac{L_2^* q_1^*}{L_1^* q_2^*}\right) \tag{4.36}$$

把均衡价格式（4.36）一并代入式（4.33）和式（4.34），第一产业、第二产业的国民收入分别为：

$$Y_1 = C_1 = L_1^* q_1^* + \frac{L_2^* q_1^*}{L_1^* q_2^*} L_1^* q_2^* \tag{4.37}$$

$$Y_2 = C_2 = L_2^* q_1^* + \frac{L_2^* q_1^*}{L_1^* q_2^*} L_2^* q_2^* \tag{4.38}$$

设定 l_1、y_1 分别为第一产业的劳动力构成比，及其收入构成比，则公式为：

$$l_1 = \frac{L_1}{L_1 + L_2}, \ y_1 = \frac{Y_1}{Y_1 + Y_2} \quad (l_1 \geqslant 0, \ y_1 \geqslant 0) \tag{4.39}$$

那么，把式（4.37）、式（4.38）代入 y_1，可计算出：

$$y_1 = \frac{Y_1}{Y_1 + Y_2} = \frac{L_1^*}{L_2^* + L_2^*} = l_1 \tag{4.40}$$

从式（4.40）中，可得在产业结构均衡时，第一产业劳动—收入比为：

$$\frac{y_1}{l_1} = 1 \tag{4.41}$$

再设定 l_2，y_2 分别为第二产业的劳动力构成和收入构成。同样的道理类推可得第二产业的相对劳动—收入比为：

$$\frac{y_2}{l_2} = 1 \tag{4.42}$$

联系式（4.40）和式（4.41），当产业结构均衡时有：

$$\frac{y_1}{l_1} = \frac{y_2}{l_2} = 1 \qquad (4.43)$$

经济中各产业的劳动—收入比相等，且等于1。由于社会总效用U单调递增，其解是唯一的。最后得出结论：

在一定条件下，只有两种产业的经济中，经济均衡结构的实现条件是经济结构之间各产业的相对劳动—收入比相等且等于1是经济结构均衡的充要条件。推广可得，在三次产业的经济中，产业均衡结构的充要条件是三次产业相对劳动—收入比都相等。

六、产业结构均衡状态下的经济表现

在经济结构达到均衡时，经济具有以下一些特征。由于解的唯一性，当经济同时具备所有这些特征时，产业结构也必定是均衡的。

1. 供求结构一致，劳动力市场、产品市场都出清，经济实现充分就业，社会福利最大（见图4－2），说明经济总量达到最大值。

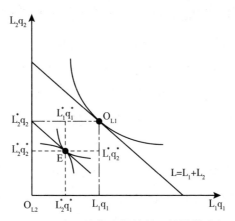

图4－2　产业结构均衡的帕累托最优分析

2. 实现了生产和交换的社会帕累托最优状态。由于资源充分利用，则生产状况落在最大边界上，而达到了生产的帕累托最优生产状况。均衡的总供给结构 S^* 又形成了交换的埃奇沃思交换盒。由一阶条件 λ 可得出 q_1 产业消费者 L_1^* 消费 q_1、q_2 产品的边际替代率为：

$$\frac{u'(q_1^d)}{u'(q_1^d)} = \frac{q_2(1)}{q_1(1)} \qquad (4.44)$$

同样，q_2 产业消费者消费 q_1、q_2 产品的边际替代率也为：

$$\frac{u'(q_2^d)}{u'(q_2^d)} = \frac{q_2(1)}{q_1(1)} \qquad (4.45)$$

显然，式（4.44）和式（4.45）二者相等，这说明经济的交换达到帕累托最优，如图 4-2 所示，二者的无差异线相切于 E 点。由于产出受劳动力的约束，就业人数不能超过总人口 L，所以生产可能性边界方程为：

$$L_1^d + L_2^d \leqslant L \qquad (4.46)$$

再由劳动力需求式（4.15），把该方程式（4.46）进一步表示为：

$$\left(Q_1^d \frac{1}{q_1} + Q_2^d \frac{1}{q_2} \right) = (L \cdot q_1^d)\frac{1}{q_1} + (L \cdot q_2^d)\frac{1}{q_2} \leqslant L^{①} \qquad (4.47)$$

可得经济的边际转换率为 $\dfrac{q_2(1)}{q_1(1)}$，且等于交换的边际替代率式（4.44）和式（4.45），表现为两个产业无差异曲线相切的切线与生产边界线平行，说明当经济结构均衡时，经济就实现了生产和交换的社会帕累托最优。在 E 点，生产、交换都达到了帕累托最优。效用函数严格单调，所以，生产、交换的帕累托最优的点 E 是唯一的。换言之，经济均衡结构是唯一的（见图 4-2）。

3. 产业之间没有营业利润，收入公平。由于交换的信息完全且对称，三次产业在分割交换净利润时公平（徐德云，2003、2008）。经济学意义上的利润是指因为交换价格的高低，一方从另一方获得了更

---

① Q_1^d、Q_2^d 代表 q_1、q_2 产品的总需求。

多的利益。所以，在产业之间存在的利润具有零和余数性质，当然就国民经济整体而言，不存在利润，但对于三次产业，结构均衡时相对劳动—收入比为1。这三点都落在洛伦兹曲线的45°直线上，按产业计算的基尼系数为零。由此可知结构均衡时，产业间收入公平、没有利润。

4. 产业均衡结构具有稳定性。式（4.24）表述了产业结构达到均衡状态，这是关于产业均衡结构的"存在性问题"。如果产业结构不在均衡状态，经济能否自动回到均衡状态，这是产业均衡结构的稳定性问题。

在马克思政治经济学理论中，如果部门间利润不一致，经济资源就从利润低的部门转移到利润高的部门，最后，达到一致的利润率时，转移就停止。此外，威廉·配第也指出，经济之间相对收入上的差距，是劳动力在产业间流动的重要原因。可见，要素在产业间转移是产业结构均衡稳定性的机制，而要素转移依赖于市场经济制度的完善性。

在信息对称和完全竞争条件下，市场对要素在产业间的均衡配置功能使得产业均衡结构是稳定的。作为价值形态的资本，在产业间无差异，可以迅速转移，所以回到均衡结构取决于劳动力的转移，由于劳动力所掌握的生产技术是专用而不是通用的，劳动力的转移就是重新掌握新技术的人力资本的提升过程，这一过程很复杂也很难，因而限制了劳动力的迅速转移。可见回到均衡结构的速度根本上取决于劳动力重新掌握新技术的速度。

当产业结构不均衡时，均衡价格结构偏离，必然有一个产业的价格高于其均衡价格，从而有利润，其劳动—收入比大于1，同时，也必然有一个产业的价格低于其均衡价格，存在亏损（亏损等于利润），其劳动—收入比小于1，造成了产业间相对收入存在差距。这种差距就必然驱使劳动力从相对收入低的产业流向相对收入高的产业，产业结构最终趋于均衡。

七、产业结构偏离均衡的经济波动特征及其测度指标

如果产业结构不均衡，那么产业结构均衡条件式（4.41）不成立，由于总生产函数和效用函数的单调性，则社会总经济福利也单调递减。产业结构不均衡的偏离度越大，则总经济福利减少的越多，导致经济波动越大。经济结构不均衡是经济波动的机制，二者一一对应（见图4-2）。根据这种性质，产业结构偏离均衡的程度可以进行测定。如果社会有三个产业，以 i = 1，2，3 表示，分别生产两种用于最终消费且相互独立的不同产品，那么经济社会的产业结构不均衡偏离程度的测定度为：

$$ M = \sqrt{\frac{\sum\limits_{i=1}^{3}\left(\dfrac{y_i}{l_i} - 1\right)^2}{3}} \quad (R \geqslant 0) \tag{4.48} $$

M 为测定经济结构均衡的程度，i 代表产业的次数。如果 R = 0，经济结构就达到均衡。如果，R > 0 且其值越大，则经济结构越不均衡，国民收入将会减少，经济就越不稳定，周期性波动越大。

第四节　本章小结

产业结构优化分为短期产业结构优化和长期产业结构优化。在宏观经济学中，划分长期和短期的标准是以经济社会最大生产能力是否改变为依据。

在短期，经济社会的最大生产能力既定不变，换言之，生产可能性边界不变。因此，在短期，社会资源总量既定不变，生产技术不变，以及没有新产品的出现。在长期，经济中一切都是可变的。社会经济资源在不断增加，也存在技术进步，从而使最大生产能力不断提升，社会经济的生产可能性边界不断向外移动。

短期产业结构优化研究的是，没有技术进步，既定的经济资源如何实现收入最大。通过建立均衡模型，最后得出最优化均衡条件：当不同产业生产不同产品时，如果投入到每种产品的单位劳动力所创造的效用相同，则社会经济福利实现最大化。该条件又可表现为：每个产业劳动—收入比 $\frac{y_i}{l_i}$ 相等且等于 1 时，产业结构实现均衡。其经济意义表现为：

1. 供求结构一致，劳动力市场、产品市场都出清，经济实现充分就业，社会福利最大，国民收入总量达到最大值。

2. 实现了生产和交换的社会帕累托最优状态。

3. 产业之间没有营业利润，收入公平。

4. 产业均衡结构具有稳定性。如果产业结构不在均衡状态，经济能否自动回到均衡状态，这是产业均衡结构的稳定性问题。

产业结构均衡是唯一状态。如果产业结构不均衡就意味着国民收入减少。产业结构不均衡的偏离度越大，则总经济福利减少的越多，导致经济波动越大。经济结构不均衡是经济波动的机制，二者一一对应。根据产业结构均衡的这一特性，设计了可以测度产业结构是否均衡或者产业结构偏离度的指标。

第五章

长期产业结构优化
——产业结构升级

配第—克拉克定理阐述了产业收入和劳动力结构的演进趋势，虽然各国的统计数据都能验证，但是从经济学理论对这一定律的解释目前存在一定的缺陷，缺乏系统性的论证。从表述的内容上看，对配第—克拉克定理要归属到经济增长和产业结构升级理论研究的范畴中。在产业结构的研究上分长期和短期，在短期，产业结构的研究问题是在经济资源既定和不存在技术进步条件下，如何达到经济福利最大化，实现这一目标的状况就是产业结构处在均衡状态。在长期，经济资源和技术进步都存在变动时，产业结构和经济增长又是如何变动？这一问题就是本章所要研究的问题。

第一节　产业结构升级的理论基础

由于产业和产业结构的定义有多层次性，产业结构定义不同，则产业结构升级的构成内容不一样。对于单个厂商来说，通过技术升级、管理模式改进从而提高了产品质量与生产效率并不是产业结构升级，但却是构成产业结构升级的微观基础。从一个具体产业来说，产业发展模式的转轨促进了一个产业整体技术水平、生产模式和管理模式的提升使得产品质量、生产效率、产业链定位和产品附加值达到更高层次，从而使产业结构得到升级。例如，对于传统农业来说，实现机械化农业或智慧化农业就是农业的产业结构升级。产业结构升级的内涵一般包括这几个方面：

1. 从仅仅提供原材料上升到以加工组装为主的产业结构。

2. 从低附加值的劳动密集型产业上升到高附加值的技术密集型产业。

3. 从宏观来看，产业结构升级意味着一个国家经济增长方式转变，是建立在所有产业结构均已升级的基础之上。从整个国民经济的产业收入结构变化表现看，国民经济重心由第一产业向第二产业，进而向第三产业不断转变的一个过程。

显然，本书所研究的产业结构升级就是上述第三种，其目的就是探索经济增长和三次产业结构比例变换关系。

第二节 构 建 理 论

一、前 提 与 假 定

仍然假定社会经济只有两个产业，以 i 表示，$i = 1，2$，每个产业分别分工生产两种用于最终消费且相互独立的产品 q_1、q_2。其中，假定：与 q_2 相比，q_1 是低档商品，则其收入需求弹性低，且 q_2 产品边际效用递减速度要大于 q_1 产品边际效用的递减速度。

经济资源总量不断变化，存在技术进步，最大生产能力也随之变动。所要研究模型的其余假定涉及劳动、技术和资本品三个存量，且随时间变动。在该模型中，时间是连续的，也就是说，该模型的各个变量均定义于每一时点上。

资本品、劳动和技术进步的初始水平被看作是既定的。劳动和技术随着时间以一定的速度增长，公式为：

$$\dot{L}(t) = (n-1)L(t)$$

$$\dot{L}_i(t) = (n_i - 1)L_i(t)$$

$$\dot{A}(t) = (g_i - 1)A_i(t) \tag{5.1}$$

其中，$i = 1, 2$，L、L_i 和 A_i 分别表示总劳动、第 i 产业的劳动力以及第 i 产业的技术进步。u、n_i 和 g_i 为外生参数，分别代表 L、L_i 和 A_i 的增长率。

一个变量上加一点表示其对时间的导数，如 $\dot{L}(t) = \dfrac{dL(t)}{dt}$。如果 $L(t_0)$、$L_i(t_0)$ 和 $A_i(t_0)$ 表示其时间在 $t = t_0$ 时的初始值，则以上所有式分别意味着：从 $t = t_0$ 到 $t = t_1$ 时这段时间内，L、L_i 和 A_i 的增量分别为：

$$\dot{L}(t) = \frac{L(t_1) - L(t_0)}{t_1 - t_0} = \Delta L$$

$$\dot{L}_i(t) = \frac{L_i(t_1) - L_i(t_0)}{t_1 - t_0} = \Delta L_i$$

$$\dot{A}_i(t) = \frac{A_i(t_1) - A_i(t_0)}{t_1 - t_0} = \Delta A_i \tag{5.2}$$

经济社会所有产业的人口之和都在总人口之中，因此就有：

$$n_1 L_1 + n_2 L_2 \leqslant nL \tag{5.3}$$

当然，在均衡状态下，式（5.3）为等式。

二、长期生产函数的建立

在长期，存在技术进步和人口增长。长期产业生产函数依然采取式（4.6）形式。对于只有两种产业的经济结构中，第 i 产业的生产函数表示为：

$$Q_i = F_i(g_i A_i n_i L_i) \tag{5.4}$$

其中，$L_i = (L_i^s - L_{K_i}^s) + L_{K_i}^s$，$n_i$ 和 g_i 为外生参数，分别代表 L_i 和 A_i 的增长率。由于规模报酬不变的假定，式（5.4）则可表示为：

$$F_i(cg_iA_in_iL_i) = cg_iA_iF_i(n_iL_i) \quad (c > 0) \tag{5.5}$$

另外，对单位劳动的平均生产函数可定义为：

$$q_i = \frac{F_i(L_i)}{L_i} = F_i\left(\frac{L_i}{L_i}\right) = f_i(1) \tag{5.6}$$

对于所有 $c > 0$，规模报酬不变的假定也能让我们得以使用密集型的生产函数。在函数中，令 $c = \dfrac{1}{n_iL_i}$，代入式（5.5），且按照人均生产函数的定义式（5.6）就可得出在某一时点含有技术进步的人均生产函数：

$$\frac{F_i(g_iA_in_iL_i)}{n_iL_i} = g_iA_iF_i\left(\frac{n_iL_i}{n_iL_i}\right) = g_iA_iq_i \tag{5.7}$$

三、产品与劳动的供求结构

在长期，一切都是可变的。对于二维向量有：

$$n_i^sL_i^s = (n_1^sL_1^s, \ n_2^sL_2^s) \tag{5.8}$$

代表以产业为特征，并含有增长性质的劳动力供给结构，L_i^s 是第 i 产业生产 q_i 产品的劳动力，其中二维向量 $n_i^s = (n_1^s, \ n_2^s)$ 代表了各产业劳动力供给增长速度结构，由人口增长规律式（5.1）和劳动力接受教育和技术培训结构所控制，是经济的外生变量。所要注意的是，各产品生产的劳动力供给隐含了以下的情况：

L_1^s 是生产 q_1 产品的劳动力供给。其中，$L_1^s - L_{K_1}^s$ 是第一产业消费品生产部门的劳动力，$L_{K_1}^s$ 是生产 q_1 产品资本品生产部门的劳动力供给；L_2^s 是生产 q_2 产品的劳动力供给。其中，$L_2^s - L_{K_2}^s$ 是 q_2 产品消费品生产部门的劳动力，$L_{K_2}^s$ 是 q_2 产品资本品生产部门的劳动力。社会资本品总结构是生产二种最终消费品 q_1、q_2 产品的资本品供给结构为二维向量：

$$K^s = (K_1^s, \ K_2^s) \tag{5.9}$$

以 S 表示产品总供给结构。将式（5.7）乘以相应的劳动力式（5.8）可得出在某一时点 t 的长期总供给结构 S：

$$S(t) = n_i^s L_i^s g_i A_i q_i = (n_1^s L_1^s g_1 A_1 q_1, \ n_2^s L_2^s g_2 A_2 q_2) \tag{5.10}$$

在式（5.10）中，$n_1^s L_1^s g_1 A_1 q_1$ 表示，在第一产业中劳动力供给为 $n_1^s L_1^s$、人均生产函数为 $g_1 A_1 q_1$ 时，第一产业 q_1 产品的总供给量。同样 $n_2^s L_2^s g_2 A_2 q_2$ 是第二产业 q_2 产品的总供给量。可见，总供给及其结构取决于劳动力供给结构及相应的生产力。

设第 i 产业任一个体的消费需求为 $q_{ii}^d = (q_{i1}^d, \ q_{i2}^d)$①。整个社会第一产业和第二产业对 q_i 产品的总需求就为 $L_1 q_{1i}^d + L_2 q_{2i}^d$。D 表示产品总需求结构，那么，在长期中，产业总需求结构则为：

$$D(t) = n_i L_i q_{ii}^d = [n_1 L_1, \ n_2 L_2]$$

$$\begin{bmatrix} q_{11}^d & q_{12}^d \\ q_{21}^d & q_{22}^d \end{bmatrix} = (n_1 L_1 q_{11}^d + n_2 L_2 q_{21}^d, \ n_1 L_1 q_{12}^d + n_2 L_2 q_{22}^d) \tag{5.11}$$

其中，$n_1 L_1 q_{11}^d + n_2 L_2 q_{21}^d$ 表示整个社会对 q_1 产品的总需求量，也表示 q_1 总产品在两次产业中的一个消费配置结构。那么，同样可知 $n_1 L_1 q_{12}^d + n_2 L_2 q_{22}^d$ 也具有相应的经济含义。

恒等式 S≡D 表示在结构上总供给等于总需求，产品市场出清。把式（5.10）和式（5.11）代入恒等式，可得：

$$(n_1^s L_1^s g_1 A_1 q, \ n_2^s L_2^s g_2 A_2 q_2) = (n_1 L_1 q_{11}^d + n_2 L_2 q_{21}^d, \ n_1 L_1 q_{12}^d + n_2 L_2 q_{22}^d)$$

$$\tag{5.12}$$

此外，二维向量为：

$$n_i^d L_i^d = (n_1^d L_1^d, \ n_2^d L_2^d) \tag{5.13}$$

式（5.13）代表以产业为特征，也含有增长性质的劳动力需求结构。其中，$n_i^d = (n_1^d, \ n_2^d)$ 是第一产业、第二产业劳动力需求增长速度，由

---

① q_{ii}^d 表示第 i 产业个体消费了 x_i 产品，前一个 i 代表个体 i，后一个 i 代表产品 i。

经济内在均衡所控制，是经济的内生变量，受产业需求结构及其增长结构决定。当人均长期生产函数为式（5.7）时，如果社会对 q_i 产品的总需求量为式（5.11）中的 $n_1 L_1 q_{1i}^d + n_2 L_2 q_{2i}^d$ 式时，由此可得出相应的劳动需求为：

$$n_i^d L_i^d = \frac{n_1 L_1 q_{1i}^d + n_2 L_2 q_{2i}^d}{g_i A_i q_i} \tag{5.14}$$

在劳动力要素市场均衡条件下，各产业劳动力供求均衡，既存在 $n_1^d L_1^d = n_1^s L_1^s$ 和 $n_2^d L_2^d = n_2^s L_2^s$，同时总劳动力之间存在：

$$n_1^d L_1^d + n_2^d L_2^d = n_1^s L_1^s + n_2^s L_2^s = nL \tag{5.15}$$

与劳动力供给结构一样，各产业的劳动力需求结构式（5.13）也隐含着以下的情况：

L_1^d 是第一产业生产 q_1 产品的劳动力需求。$L_1^d - L_{K_1}^d$ 是第一产业消费品生产部门的劳动力需求，$L_{K_1}^d$ 是第一产业资本品生产部门的劳动力需求；L_2^d 是第二产业生产 q_2 产品的劳动力需求。其中，$L_2^d - L_{K_2}^d$ 是第二产业消费品生产部门的劳动力需求，$L_{K_2}^d$ 是第二产业资本品生产部门的劳动力需求。

资本品具有异质性，生产不同种最终消费品需要的资本品是不一样的。对于生产两种不同最终消费品的经济来说，资本品的需求结构为二维向量，即：

$$K^d = (K_1^d, K_2^d) \tag{5.16}$$

四、建立模型与求解

每个个体消费者的消费集为 R_2^+。在分工专业化生产的经济背景下，只有经过交换配置后，产品才能进行消费。经济中的配置 $q_{ii}^d \in R_4^+$ 是对每个消费者的非负消费向量的分配，表示为：$q_{ii}^d = ((q_{11}^d, q_{12}^d)(q_{21}^d, q_{22}^d))$。其中，假定个体消费者在消费集 R_2^+ 中的各消费向量上具有理性的偏好关系。效用函数是严格凸的，从而个体消费者的效用函数则是严格拟凸的。因而 $u(q_{ii}^d)$ 是严格单调递增的，存在 $u'(q_{ii}^d) > 0$，$u''(q_{ii}^d) < 0$。同样由于社会"平均人"的假定，社会中的每一个个体的效用函数是相同的，所以，全体个体效用的简单加总就可得出整个社会的经济福利。

将式（5.12）代入其中就可得到均衡条件下以产业为特征的社会总福利函数。由于 q_1、q_2 产品是独立的，则效用函数可写为 $u(q_{i1}^d, q_{i2}^d) = u(q_{i1}^d) + u(q_{i2}^d)$。最后结合这些特征，再把时间因素考虑进去，以产业为特征的长期社会福利函数为：

$$U(q_{ii}^d, t) = n_1 L_1 u(q_{11}^d) + n_2 L_2 u(q_{21}^d) + n_1 L_1 u(q_{12}^d) + n_2 L_2 u(q_{22}^d)$$

$$(5.17)$$

消费商品量的多少取决于生产的产量。而能生产多少受经济资源和技术约束，因此建立以劳动力人口为约束、并含有技术进步的预算。由于创造财富的最大人口不能超过总人口，或者说劳动力需求不能超越总人口，由式（5.14）、式（5.15）可得预算线方程：

$$nL \geqslant n_1^d L_1^d + n_2^d L_2^d = \frac{n_1 L_1 q_{11}^d + n_2 L_2 q_{21}^d}{g_1 A_1 q_1} + \frac{n_1 L_1 q_{12}^d + n_2 L_2 q_{22}^d}{g_2 A_2 q_2} \quad (5.18)$$

消费者有一个凸偏好，社会总效用函数为 $U(q_{i1}^d, q_{i2}^d, t)$，预算约束为 nL；人均生产函数 q_i 以二维向量 $q_i = (q_1, q_2)$ 表示，它对消费者是外生的，不会因消费者购买消费行为变化而变化。经济社会面临的问题是动态地追求式（5.17）达到最大化：

$$\text{Max}: \quad U(q_{ii}^d, t) \quad\quad\quad\quad (5.19)$$

$$\text{s. t.} \quad n_1^d L_1^d + n_2^d L_2^d \leqslant nL$$

$$q_{ii}^d > 0$$

$$g_i A_i q_i > 0$$

$$n_1^d L_1^d + n_2^d L_2^d \leqslant nL = \sum_{i=1}^{2} n_i^s L_i^s \quad (n_i^d L_i^d \leqslant n_i^s L_i^s)$$

对于最优化社会问题式（5.19）来说，所消费的商品全部来自生产，由式（5.13）可知社会福利函数式（5.17）是人均生产函数 q_i 的隐函数。由于 $q_i^d > 0$，严格存在二次产业，角点解不存在，即 $q_i^d > 0$ 中每个等式都不束紧，那么不等式约束转化为等式约束。按等式约束最优值问题的标准解法，在 R_R^+ 的内点可解出关于人均生产函数最优值的一阶必要条件：

$$\lambda = \frac{u'(q_{11}^d)}{\dfrac{1}{g_1 A_1 q_1}} = \frac{u'(q_{21}^d)}{\dfrac{1}{g_1 A_1 q_1}} = \frac{u'(q_{12}^d)}{\dfrac{1}{g_2 A_2 q_2}} = \frac{u'(q_{22}^d)}{\dfrac{1}{g_2 A_2 q_2}} \qquad (5.20)$$

在式（5.20）中，$\dfrac{1}{g_1 A_1 q_1}$ 和 $\dfrac{1}{g_2 A_2 q_2}$ 分别表示生产一单位 q_1、q_2 产品需要多少的劳动力。

在均衡式（5.20）中，一阶最优条件 λ 就意味着：当生产不同产品时，如果投入到每种产品的单位劳动力所创造的效用相同，则社会经济福利实现最大化。λ 可被称为劳动的边际效用。同时，二阶最优条件为负，最优值是最大值。

由于"平均人"的假定，社会中的每一个个体的效用函数是相同的，因此在式（5.20）中，存在 $q_{11}^d = q_{12}^d$ 和 $q_{12}^d = q_{22}^d$。在此，把均衡条件下的 q_{11}^d、q_{22}^d 分别设为 q_1^* 和 q_1^*，代入式（5.21），均衡条件进一步可刻画为：

$$\lambda = \frac{u'(q_1^*)}{\dfrac{1}{g_1 A_1 q_1}} = \frac{u'(q_2^*)}{\dfrac{1}{g_2 A_2 q_2}} \qquad (5.21)$$

虽然说长期产业结构均衡研究的是经济增长与产业结构升级的问题，但对于长期均衡式（5.21）与短期均衡式（4.24）一样同理可得，长期产业结构优化也必定是均衡的产业结构，三次产业的产业劳动—收入比相等且都等于 1。

五、产业结构升级与经济增长

在均衡条件式（5.20）中，不等式约束式（5.18）转化为等式约束，那么式（5.18）则可表现为：

$$n_1^d L_1^d = \frac{n_1 L_1 q_{11}^d + n_2 L_2 q_{21}^d}{g_1 A_1 q_1}, \quad n_2^d L_2^d = \frac{n_1 L_1 q_{12}^d + n_2 L_2 q_{22}^d}{g_2 A_2 q_2} \quad (5.22)$$

进一步，在均衡条件下，在式（5.21）中，存在 $q_{11}^d = q_{21}^d = q_1^*$ 和 $q_{12}^d = q_{22}^d = q_2^*$，并分别和式（5.15）一同代入式（5.22）相应分别可得：

$$q_1^* = \frac{n_1 L_1 g_1 A_1 q_1}{nL}, \quad q_2^* = \frac{n_2 L_2 g_2 A_2 q_2}{nL} \quad (5.23)$$

再把式（5.23）相应代入式（5.21），经整理得：

$$\frac{u'\left(\frac{n_1 L_1}{nL} g_1 A_1 q_1\right)}{u'\left(\frac{n_2 L_2}{nL} g_2 A_2 q_2\right)} = \frac{g_2 A_2 q_2}{g_1 A_1 q_1} \quad (5.24)$$

式（5.24）是产业结构长期均衡的最终表现形式，与式（5.21）等同。在式（5.24）中，L、L_i 和 A_i 是某一固定基期的变量值，在长期中，是它们相应的增加速度 n、n_i 和 g_i 引起 L、L_i 和 A_i 的变化，从一个时点变动到下一个时点，L、L_i 和 A_i 则转化为固定值，所以只有 n、n_i 和 g_i 才是变量。在式（5.24）中可看出，只有人口增长和技术进步影响经济，但中间有一个产业结构优化的过程。

结论 1 如果技术进步 A_i 既定，只存在人口增长，在式（5.24）中右边是一固定项，因而均衡式（5.24）的左边也保持不变。因为技术进步不变，则 $g_1 A_1 q_1$ 和 $g_2 A_2 q_2$ 不变。人口增加只能使得均衡式（5.24）左边的 $\frac{n_2 L_2}{nL}$ 和 $\frac{n_1 L_1}{nL}$ 发生变化。依据式（5.3），在均衡条件下，该不等式可成为等式，既有 $nL = n_1 L_1 + n_2 L_2$。那么 $\frac{n_2 L_2}{nL}$ 和 $\frac{n_1 L_1}{nL}$ 是一个分数且互为余数，由此说明，在 $\frac{n_1 L_1}{nL} g_1 A_1 q_1$ 和 $\frac{n_2 L_2}{nL} g_2 A_2 q_2$ 之间只有一增一减，不存在同时增加，均衡式（5.24）左边，两种产品的边际效用不会同时递减，表明人口增加人均经济量没有变化。

既然人均经济量不变，没有技术进步，那么均衡式左边中就有 $n_1 L_1 = $

$n_2 L_2$。由此可以得出：劳动力新增加后，第一产业、第二产业劳动力也增加且与原先的比例保持不变，而且边际效用 $u'(q_i)$ 不变，人均量效用保持不变。

进一步地表明，社会总福利 $U(q_1，q_2，t)$ 增加，但其增加速度等于人口增加速度 n，显然经济总量随人口增长而增长，经济是在均衡增长路径上。各产业的劳动力增长速度相同。在新增加的人口中，进入各产业的劳动力比率为均衡的产业结构比，并保持不变。产业结构是均衡的，但产业结构没有升级。

结论2 如果生产技术进步，人口不增长，那么经济总量、人均量都增长，产业结构均衡且产业结构存在升级。

假定 A_1 增加，既 $g_1 > 1$，但 A_2 不变，既 $g_2 = 1$。在式（5.24）的右边比值变小。要是等式成立，则要求式（5.24）左边也要变小。当 $g_1 > 1$ 时，q_1 产品产量增加，式（5.24）中的 $u'\left(\dfrac{n_1 L_1}{nL} g_1 A_1 q_1\right)$ 减小，式（5.24）左边也在变小。如果二者相等，则等式天然成立，不需要经济系统进行调整。显然除非是偶然，这一现象不可能发生。也就是说，当 $g_1 > 1$ 时，虽然式（5.24）左右两边都在减小，但二者不可能相等。

$$\frac{u'\left(\dfrac{n_1 L_1}{nL} g_1 A_1 q_1\right)}{u'\left(\dfrac{n_2 L_2}{nL} g_2 A_2 q_2\right)} \neq \frac{g_2 A_2 q_2}{g_1 A_1 q_1} \tag{5.25}$$

在初始产业结构均衡时，随着时间的推移，产生技术进步，原先的均衡状态被打破，导致产业结构偏离了均衡。一旦技术进步既定时，经济从长期就转变为短期现象，此时，经济中的产业结构均衡机制就发挥作用，调整产业结构达到新的均衡。这一过程是市场通过价格机制完成。

从等式意义来说，当 $g_1 > 1$ 时，q_1 产品相对生产的过多，q_2 产品相对生产得过少。在产业结构均衡机制的作用下，第一产业的劳动力就转移到第二产业，直至式（5.25）不等式又恢复为等式，产业结构重新达到均衡。在这一过程中，第一产业的劳动力比重减少，第二产业劳动力比重增加，因此产业结构存在转换。由于技术进步，两种产品的生产都在增加，在边际效用递减规律作用下，产品 q_1、q_2 的边际在减少（但大于零），使得社会总福利 $U(q_1，q_2，t)$ 增加，又由于人口不变，所以国民经济中人均量也增加。

对于其他情况，如果 g_2 增加，或者 g_1 和 g_2 同时增加，依据上述的分析同样能够得到以上结论。

随着经济增长，均衡式（5.24）的左边，两种产品的边际效用 $u'\left(\dfrac{n_1L_1}{nL}g_1A_1q_1\right)$ 和 $u'\left(\dfrac{n_2L_2}{nL}g_2A_2q_2\right)$ 同时递减，虽如他们的比值要等于均衡式的右边，但是对两种产品的消费比例直至生产情况都不一样。由于采用的数据是离散的，而不是连续的增长分析，均衡式（5.24）中的 L、L_1、L_2、A_1、A_2、q_1 和 q_2 都是某一基期量，是一固定值。而真正的变量只有 n、n_1、n_2、g_1 和 g_2。而只有 g_1 和 g_2 能促进经济增长，同时需要两种产品的边际效用减少，那就意味着其中的 $\dfrac{n_1L_1}{nL}g_1$ 和 $\dfrac{n_2L_2}{nL}g_2$ 都要增加。

在前面假定里，设定了 q_1 是低档商品，q_2 是高档商品，则 q_2 边际效用递减速度要小于 q_1 产品边际效用的递减速度。当两种产品的边际效用都在递减时，就意味着高档商品 q_2 下降速度要低于低档商品 q_1，为了等于均衡式右边的一个固定值，一是表明产品 q_2 消费量的增加量要大于 q_1 产品消费量的增加量；二是表明增加的 $\dfrac{n_2L_2}{nL}g_2$ 要大于 $\dfrac{n_1L_1}{nL}g_1$ 的增加量。

再把 A_1 和 A_2 相应地代入 $\dfrac{n_2L_2}{nL}g_2$ 和 $\dfrac{n_1L_1}{nL}g_1$，得到 $\dfrac{n_1L_1}{nL}g_1A_1$ 和 $\dfrac{n_2L_2}{nL}g_2A_2$。把技术进步 A 和劳动 L 以相乘的形式进入生产函数，那么 AL 被称为有效劳动。采用有效劳动形式的技术进步被称为哈罗德中性或者是劳动增进型。$\dfrac{n_2L_2}{nL}g_2 > \dfrac{n_1L_1}{nL}g_1$ 就说明在经济增长中，高档产品 q_2 有效劳动的增

加量要大于低档 q_1 产品有效劳动的增加量，依据式（5.3），所有产业劳动力之和不超过总人口，产业间劳动力存在着此消彼长的互为余数关系，那进一步表明：随着经济增长，高档产品 q_2 有效劳动的比重在增加，而低档 q_1 产品有效劳动的比重在下降。

从以上的分析中，可以得出随着经济增长，虽然两种产品的生产和消费都在增加，但是高档商品消费的增加速度大于低档商品的增加速度，而且高档产品在生产上的劳动力比重上升而生产低端产品的劳动力比重在下降。这和配第一克拉克定理相吻合，说明随着经济增长，产业结构在升级。

最后总结结论：在长期中，只有技术进步导致产业结构升级，能使国民经济中的人均量增加，进一步地说，产业结构升级是经济增长的内在机制，只有产业结构升级才会有经济增长。而人口增长只会使经济总量增长，但人均量保持不变，产业结构保持不变，不存在转换。

此外，产业结构升级是经济增长的机制。存在经济增长时，产业结构必然发生升级，或者说产业结构出现升级，经济必然会增长，二者一一对应，缺一不可。

第三节　产业结构升级测定

一、产业结构升级测度指标设计

在长期中，技术进步将推动产业结构升级，那么产业结构升级度就可以测定。测定经济社会的产业结构升级度的指标可设计为：

$$F = \sum_{i=1}^{3} y_i \cdot i = y_1 \times 1 + y_2 \times 2 + y_3 \times 3 \quad (1 \leqslant R \leqslant 3) \quad (5.26)$$

其中，y_i 为第 i 产业的收入比重，为 $\dfrac{Y_i}{Y}$。R 为测定产业结构升级的程度，

其系数值上下限为 $1 \sim 3$。

如果 $R = 1$ 或越接近于 1，产业结构层次就越低，经济社会是一种农业社会，以农业为主，且所占的比重非常大，第一、第三产业所占比重很少，经济水平很低；如果 $R = 3$ 或值越接近于 3，则产业结构层次就越高，经济社会是一种信息经济社会（或者说是知识经济社会），第三产业在国民经济中占主体地位，且所占的比重非常大，第一、第二产业所占比重很少（美国经济就是这种情况），其经济水平很高；如果 $R = 2$ 或越接近于 2，产业结构层次就处在前二者之间，经济社会是一种工业经济社会，以工业为主，且所占的比重非常大，第一、第三产业所占比重要少于第二产业所占的比重，其经济水平较高，但低于信息经济社会的经济水平。

在本研究设定的前提下，关于经济社会的产业结构升级度的测定是唯一的，产业结构升级度的测定系数和产业结构之间是一一对应。同时产业结构指标还暗含着产业结构处于均衡状态，根据式（4.42）也可以使用劳动力比重进行测度，那么产业结构设计系数可采用以下形式：

$$F = l_1 \times 1 + l_2 \times 2 + l_3 \times 3 \quad (1 \leqslant R \leqslant 3) \tag{5.27}$$

其中，l_i 为第 i 产业的收入比重。F 为测定产业结构升级的程度，其系数值上下限为 $1 \sim 3$。在均衡产业结构均衡时，以上两种形式的指标完全等同。

如果产业结构不均衡，以上两个指标就存在偏差。从理论上来说，只要供给不足的产品其价格就会上升，那么其收入比重就增加，那么他的劳动—收入比 $\dfrac{y_i}{l_i}$ 就会增加。如果第三产业供给要低于均衡产业结构下的供给，则其价格增加。在产业结构测度系数中由于第三产业赋值大，所以以收入比重测度的产业结构升级系数要大于以劳动力比重测度的产业结构升级系数。

更为重要的是两种系数从不均衡状态到均衡状态的调节机制、收敛速度都不尽相同。在产业结构不均衡时，供给相对不足的产品价格增加、收入变化，那么以收入比重计算的产业结构升级系数也会变化，这一过程取决于市场的反应速度。但是以劳动力从不均衡除了要素市场要素价格信号反映外，劳动力的调整需要失业和重新学习新的劳动力技能才能完成劳动力的结构性转换。在市场制度下，工会抵制失业的力量非常强大，而且学习新技能更是需要较长时间，所以二者相比较而言，以收入比重计算的产业结构升级系数变化较快，而以劳动力比重计算的产业结构升级系数反应较为滞后。

在经济增长过程中，由于劳动力市场和产品生产不能协调同步，就必然出现产业结构不均衡现象。由于第一产业在经济增长中的比重下降，对第三产业的需求增加更多，其价格，和收入增加，而第三产业劳动力供给滞后，从而在不均衡情况下，以收入比重计算的产业结构升级系数往往要大于以劳动力比重计算的产业结构升级系数。

此外还要说明的是：如果经济社会需求状况发生变化，那么同一个产业结构升级度的测定系数就有不同的产业结构级别。例如，在开放经济中，由于国际贸易影响总需求，导致国际分工。一个国家第二产业比重大，另一个国家第三产业比重大，如果把两个国家并为一个经济社会，那么产业结构升级度的测定系数和产业结构之间的一一对应关系又会体现出来。

二、 指标的适用范围与局限

在产业需求结构与供给结构一致时，产业收入结构能够反映所有经济变量结构的变动，因而使用产业收入结构计算的产业结构升级系数能真实地反映产业结构升级状况。如果产业结构不均衡，则该系数就不能准确地反映产业结构的高度，原因是产业收入结构含有价格因素并受其干扰，直接影响了系数的大小，对产业结构升级产生错误认识。

产业供求结构不一致有两种情况：一种情况是第一产业供给不足，第二、第三产业供给过剩，由于第一产业缺乏弹性，则第一产业的收入增加，第二、第三产业收入减少，从而使产业结构升级系数 R 减少；另一种情况是第一产业供给过剩，第二、第三产业供给不足，即价格结构的变化使缺乏弹性的第一产业收入大幅减少，而第二、第三产业收入增加很多，结果产业结构升级系数 R 提升很快。

实际上，反映一国生产能力水平的产业结构高度只与供给有关，与供求结构均衡与否无关。供求结构均衡只反映一国市场调节是否有效，并不影响一国产业结构已有的高度。由此可见，供求结构不均衡时，产业结构升级系数受价格结构的影响，而不能真实地反映产业结构的高度。

另外一种情况就是在开放经济条件下，考虑到国际贸易，在国际经济一体化背景下，全球价值链的分工，会使一个国家的产业结构升级停滞，那么，这个产业结构升级系数测度不能与经济增长相联系。

第四节　产业结构优化的分类

除了前文所述关于均衡的产业结构有长期均衡和短期均衡的产业结构分类以外，使用的标准不同，就还会有其他不同的产业均衡结构分类。就均衡的范围不同而言，产业均衡结构可分为一般的产业均衡结构与局部的产业均衡结构；就动态均衡的方向而言，产业均衡结构可分为水平化的产业均衡结构与垂直化的产业均衡结构；就约束条件的松紧程度而言，产业均衡结构可分为强版本定义的产业均衡结构与弱版本定义的产业均衡结构。

一般的产业结构均衡，指的是三种产业的劳动—收入比完全相同，都等于 $1\left(\dfrac{y_i}{l_i}=1\right)$，在全部范围内都达到了均衡。文中论述的就是一般的产业均衡结构。局部的产业均衡结构，是在经济社会三次产业的劳动—收入比都不等于 1，没有实现一般的产业均衡结构。但是有两个产业的劳动—收入比相等，这种产业结构的状况就是局部均衡。与一般产业均衡结构的唯一性相比，局部的产业均衡结构不是唯一的。它有三种情况：

1. 第一、第二产业的劳动—收入比相等，$\dfrac{y_1}{l_1} = \dfrac{y_2}{l_2} \neq \dfrac{y_3}{l_3}$。

2. 第一、第三产业的劳动—收入比相等，$\dfrac{y_1}{l_1} = \dfrac{y_3}{l_3} \neq \dfrac{y_2}{l_2}$。

3. 第二、第三产业的劳动—收入比相等，$\dfrac{y_2}{l_2} = \dfrac{y_3}{l_3} \neq \dfrac{y_1}{l_1}$。

在自给自足的封闭经济中，联系配第—克拉克定理，实际经济只有第一、第三种情况存在。至于第二种情况是没有内在的必然机制使其出现，除非是偶然的巧合。还有需要注意的是，在局部的产业均衡结构中，任何一个的劳动—收入比都不能等于1，否则将必然是一般的产业均衡结构。简单的数学就可证明，这里不再证明。在一般的产业均衡结构中，实现了充分就业，且经济福利达到最大。而对于局部均衡则必然存在失业，至少是自然失业，同时经济福利减少。

水平化的产业均衡结构是其他条件不变，尤其是偏好、劳动生产率不变，没有新产品问世，产业结构从非均衡到均衡的收敛调整过程。一旦实现了均衡，在稳态中，经济的产业结构就保持不变，也就是说 $\dfrac{y_i}{l_i} = 1$，那么产业均衡结构 $y_i = (y_1, y_2, y_3)$ 或 $l_i = (l_1, l_2, l_3)$ 就保持不变。此时，经济的人均量在增长中不变，如果人口的增长速度是 n，那么，资本总量 K、国民收入 Y 也是以 n 的速度增长。资本深化 $\dot{k}$ 为0只有广化 nk，从而实现了索洛增长模型的均衡增长。

垂直化的产业均衡结构是在产业均衡结构的基础上，由于劳动生产率的提高、新产品的出现，使原有均衡的产业结构又不均衡，在均衡的稳定性作用下，产业结构将最终达到新的均衡。我们把这种产业结构从均衡—不均衡—新的均衡的整个过程称为垂直化的产业均衡结构。由于劳动生产率的提高，原有产品的供给增加，使边际效用变得更小。

对于新产品的出现，在进入期，它的边际效用很大。因而劳动生产率的提高并结合新产品的出现，改变了社会的偏好结构，进而影响了需求结构。一方面，劳动生产率的提高使收入增加，原有产业产品的边际效用减少，对其需求也相对减少。所以，该产业的收入总量虽然增加但相对下降，因而其收入比重 y 就下降，同时，劳动力结构不变，劳动收入比小于 1，那么该产业就产生了需要转移的相对过剩人口。另一方面，新产品的边际效用大，需求就大，它的收入就会增加，则其收入比重 y 上升，劳动收入比大于 1，就意味着该产业劳动力供给小于需求。此时，产业结构处于非均衡状态，经济面临着产业升级的压力。在新的劳动生产率和新的产品结构下，产业结构均衡的稳态机制将使经济在新的产业结构上达到新的均衡。

根据定性的分析，就可知道从低级到高级的垂直化的产业均衡结构的演进，在时间上不是连续的平滑过程，存在着蛙跳（leapfrogging）或超调（overshooting）（David Romer，2001）效应的一种可能。

强版本定义的产业均衡结构与弱版本定义的产业均衡结构。强版本定义的产业均衡结构不仅需要三次产业的劳动—收入比相等，而且绝对充分就业，没有一个人失业，要达到均衡的目的，条件是苛刻的。要求每个人的人均收入都相等。这种绝对的公平在现实是不可能的。与强版本定义的产业均衡结构相比较，弱版本定义的产业均衡结构只要求充分就业，允许存在自然失业率，且产业之间的劳动收入比等于 1，并不要求产业内人均收入相等。联系到劳动的有效性，现实经济中，每个个体的人力资本都各不相同，这样产业内人均收入就不相等，人力资本投入较大的将获得相应高的收入，每个个体的劳动—收入比自然就不等，但是，每个个体的有效劳动—收入比可以是相等的。由此可见，产业结构均衡机制是稳定的、必然的。

第五节 本章小结

长期产业结构优化研究的是：在长期，经济资源和技术进步都存在变动时，或者说经济在增长时，产业结构如何变化？这一问题的本质就是产业结构升级问题。从整个国民经济的产业收入结构变化表现看，产业结构升级表现为国民经济重心由第一产业向第二产业，进而向第三产业不断转变的一个过程。

通过建立模型，得出关于长期产业结构优化的理论：在长期中，只有技术进步导致产业结构升级，能使国民经济中的人均量增加。仅有的人口增长只会使经济总量增长，但人均量保持不变，产业结构保持不变，不存在产业结构转换或升级问题。产业结构升级是经济增长的机制，只有产业结构升级才会有经济增长。存在经济增长时，产业结构必然发生升级，或者说产业结构出现升级，经济必然会增长，二者一一对应，缺一不可。

随着经济不断增长，产业结构升级又表现出一个动态的轨迹，这种轨迹就是产业结构升级形态。它是由需求决定，更进一步地说在于层次不同商品消费的偏好存在差异，随着收入增加，这种差异使得它们的效用函数在演进时所遵循的路径各不相同，从而呈现出消费结构升级的特征。

在长期中，技术进步将推动产业结构升级，其升级度可以测定。经济社会的产业结构升级度的测定指标可设计为：

$$R = \sum_{i=1}^{3} y_i \cdot i = y_1 \times 1 + y_2 \times 2 + y_3 \times 3 \quad (1 \leqslant R \leqslant 3)$$

其中，y_i 为第 i 产业的收入比重，为 $\dfrac{Y_i}{Y}$。R 为测定产业结构升级的程度，其系数值上下限为 1~3。

如果 R=1 或越接近于 1，产业结构层次就越低，经济社会是一种农业社会，以农业为主，且所占的比重非常大，第一、第三产业所占比重很少，经济水平很低；如果 R=3 或值越接近于 3，则产业结构层次就越高。经济社会是一种信息经济社会（或者说是知识经济社会），第三产业在国民经济中占主体地位，且所占的比重非常大，第一、第二产业所占比重很少（美国经济就是这种情况），其经济水平很高；如果 R = 2 或越接近于 2，产业结构层次就处在前二者之间，经济社会是一种工业经济社会，以工业为主，且所占的比重非常大，第一、第三产业所占比重要少于第二产业所占的比重，其经济水平较高，但低于信息经济社会的经济水平。

第六章

产业结构升级形态的决定与演进

第一节　产业结构升级形态的需求决定

一、产业结构升级形态的影响因素

所谓产业结构升级形态，就是三次产业之间表现出具体的比例关系。产业结构升级就是第三产业所占比重不断增加，这种比例关系就是产业结构升级形态。

从构成产品的物质性来看，支撑国民收入的具体内容是产业供给及其结构。但并不是说任意的产业供给结构状况都能不折不扣地转换成国民收入。在理性偏好假定和国民收入既定条件下，产业需求结构是稳定的。只有在产业均衡结构条件下，需求供给结构不仅一致，而且全部供给转化为最大的收入；如果产业结构不均衡时，价格导致供给多的收入减少，供给不足的收入增加。产业结构严重偏离均衡时，就有部分供给成为绝对过剩。在市场的调节作用下，这种收入的差异引导供给结构最

终向需求结构看齐，从这点上可看出产业结构升级形态由产业需求结构自身演进决定。

影响需求的因素有很多，根据需求的定义，经济学只从需要、收入和价格上研究需求。在供求结构均衡下，价格因素不再对总需求和总供给有调节作用而不予考虑。由此可见，在供求结构均衡条件下，只有需求和收入的共同作用决定了产业需求结构及其演进方式。对于产业结构形态决定，产业需求和供给各自是如何发挥作用的呢？

生产函数代表着经济生产能力。在技术和资源既定时就决定了经济的最大生产能力，用生产可能性边界表示。在偏好为理性和消费者人数为既定时，总需求结构受消费产品总量和结构变化而变化。在短期，在初始阶段，生产可能性边界既定时（如图 6-1 中的虚线所示），通过交换，产业结构在 E_0 达到均衡，此时国民收入表现为一个产业收入结构。在长期，由于技术进步，生产边界外移（如图 6-1 中的实线所示），产业结构达到一个新均衡状态（如图 6-1 中的 E_1 所示），显然与初始点 E_0 的产业收入结构在形态上不同。我们可以把类似这个均衡状态的所有点连接起来形成的一条 E_0E_1 轨迹。如果 E_0E_1 是一条 45°直线，说明在经济增长时，产业结构形态不变，否则产业结构形态就会发生变化。

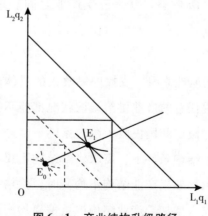

图 6-1　产业结构升级路径

很显然产业供给和需求共同决定了 E_0E_1 轨迹，但是在这个轨迹上表现的产业收入具体形态却是由产业需求结构自身的形态决定的。这种情况就好比河流。虽然河流本质由水构成，但河流弯弯曲曲的形状却是由河岸刻画的。供给的可选择是一个范围，由生产可能性边界、横坐标和纵坐标围成的一个区域。产业结构升级形态由需求决定，主要在于不同商品消费的偏好存在差异，随着收入增加，这种差异使它们的效用函数在演进时所遵循的路径各不相同，从而呈现出消费结构升级的特征，这些将在下文予以更为具体的论述。

二、消费需求的心理体验规律

从弹性上看，高层次商品的收入弹性大于低层次商品的收入弹性，但这是消费结构升级内在机制作用下表现出来的一个特征，并不能用来解释其原因。作为一种行为，消费受消费欲望的心理所支配，可见是消费心理的变化决定了消费行为的变化，从而形成了消费结构升级的机制。

作为需求的基础，需要是一种心理活动。马斯洛发现，需要越低级，其心理体验便越强烈，因而在同等条件下就越优先；需要越高级，心理体验便越淡泊，就越后置。高级需要是低级需要相对满足后的必然结果，不过强烈的心理体验必不能持久，且很快得到满足，能够持久的心理体验必是淡泊的。总之，需要越低级，其心理体验强烈而短暂；需要越高级，其心理体验便淡泊而持久（王海明，2001）。

结合经济学效用论，我们可以对人类这种心理体验规律予以表述。低级欲望的心理体验强烈就意味着初始边际效用大，在收入较低时，优先满足，其短暂就意味着边际效用递减的速度大；对于高级欲望的心理体验淡泊表明初始边际效用小，在收入较低时，后置满足，而其持久则又意味着边际效用递减的速度小（如图 6-2 所示）。

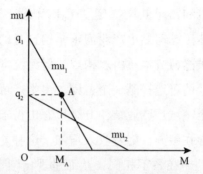

图 6 - 2   不同层次商品的边际效用比较

与 q_2 相比，q_1 是低档商品。在收入还低于 M_A 时，其边际效用大于 q_2 的边际效用，但边际效用的递减速度又远大于 q_2 产品边际效用的递减速度。在此，可以认为收入 M_A 是该消费者的贫困线。

第二节   产业结构升级的微观基础

产业结构升级均衡式（5.24）描述了经济增长与产业结构升级之间的理论联系，但是产业结构如何升级的行为过程从该式中无法体现。在产业结构升级内涵的论述中可知，全部厂商的技术进步或管理模式提升能促进所在产业的升级，而所有产业升级才会推动宏观性产业结构升级，由此可见，要研究宏观性产业结构升级机制就必须建立在微观基础之上。

从静态上看，对于一个简单经济，从生产到消费整个过程来说，在生产环节，生产部门生产出产品后，就进入到市场交换环节，完成交换的同时价格得以决定，生产者获得收入。在分配阶段，按照要素需求理论，劳动者获得收入。在最后的消费阶段，劳动者就转变为消费者，在既定的价格和收入下，每一个消费者根据自己的最优选择决定了他们每个个体的消费结构状况。所有消费者的消费累加就形成了总消费结构状况。

从动态上看，在长期，技术进步带来经济增长，使消费者收入增加，在新的价格下，每个消费者的消费结构状况直至总消费结构状况随之发生变化。由此可见，宏观总消费结构状况的演变是以每个个体消费结构变化为基础的，所以微观个体消费结构演变是构成宏观性消费结构演变的本质。

一、单个消费者消费均衡结构决定

消费是所有经济运行的最终结果，必然处于均衡状态。消费结构就是均衡消费的结构性表现，可见要研究消费结构必须建立在均衡消费决定理论之上。

消费结构就是人们在消费过程中所消费的各种不同类型消费资料的支出构成，以及它们之间存在的比例关系，或者说在总消费支出中各自所占的比重。宏观性消费结构来源于所有微观个体消费结构的综合累加结果，因此要研究产业需求结构就必须研究个体消费结构的理论。

在经济只有两种商品 q_1、q_2 的生产消费中。商品价格以及消费者的收入分别为 p_1、p_2 和 M。消费预算为 $M = p_1q_1 + p_2q_2$。在偏好为理性时，如果满足消费者均衡条件时：

$$\frac{mu_1}{P_1} = \frac{mu_2}{P_2} = \lambda \tag{6.1}$$

其中 mu，λ 分别为消费者的边际效用和其货币边际效用，则消费达到均衡状态，所表现的消费结构就是均衡消费结构，记为：

$$q^* = (q_1^*, \ q_2^*) \tag{6.2}$$

由式（6.1）可得其均衡消费结构的支出比重的向量为：

$$\frac{pq}{M} = \left(\frac{p_1q_1^*}{M}, \ \frac{p_2q_2^*}{M}\right) \tag{6.3}$$

虽然式（6.2）能反映消费结构状况，但是通常意义上所称的消费结构指标却采用的是式（6.3）。

二、个体消费结构升级机制

虽然消费的多少决定了效用，但消费需求又受商品价格和收入预算约束，因而边际效用函数可表述为 $mu(q(p, M))$。为了直观起见，边际效用函数采用线性函数（见图 6-2），具体分别为：

$$mu_1(q_1(p_1, p_2, M)) = \alpha_1 - \beta_1(q_1)$$

$$mu_2(q_2(p_1, p_2, M)) = \alpha_2 - \beta_2(q_2) \qquad (6.4)$$

在式（6.4）中，α_1、α_2、β_1、β_2 为固定参数，分别表示 q_1、q_2 的自发消费和边际消费，同时它们都是正数。从预算线中解出商品 q_1、q_2 并代入式（6.4），那么无差异曲线斜率为：

$$\frac{dq_1}{dq_2} = \frac{mu_2(q_2(p_1, p_2, M))}{mu_1(q_1(p_1, p_2, M))} = \frac{\alpha_2 - \beta_2\left(\dfrac{M - p_1q_1}{p_2}\right)}{\alpha_1 - \beta_1\left(\dfrac{M - p_2q_2}{p_1}\right)} \qquad (6.5)$$

把式（6.4）代入式（6.1），对于边际效用函数为线性的消费者来说，其消费均衡条件则为：

$$\alpha_1 p_1 - \beta_1(M - p_2q_2) = \alpha_2 p_2 - \beta_2(M - p_1q_1) \qquad (6.6)$$

相比 q_1 而言，再设定商品 q_2 要更高级。从以上关于心理体验特征的论述可知存在两种情况：一是 $\alpha_1 > \alpha_2 > 0$，意味着低级商品 q_1 的心理体验要比高级商品 q_2 的心理体验强烈；二是 $\beta_1 > \beta_1 > 0$ 意味着 q_2 的心理体验要比 q_1 的心理体验更为持久。

此外，关于不同层次商品之间在价格上相比较上存在 $p_2 > p_1 > 0$ 这一特性，也就是说高层次的商品价格要大于低层次商品的价格。在收入很低时，人们消费低层次商品，或者说其初始边际效用大就是因为价格低。随着收入增加，之所以消费价格高的高层次商品，是因为能得到更大的效用。

在 p_1、p_2 既定以及偏好为理性，或者说参数 α_1、α_2、β_1 和 β_2 既定

时，消费结构升级指的是随着收入增长使得高级商品 q_2 的消费支出增加要大于低级商品 q_2 的消费支出增加，那么收入增加又如何影响消费结构呢？这要看新的预算线与无差异曲线如何相切。

随着收入增加，如果无差异曲线从初始均衡状态 E 点沿路径 EH 向右上方平移到新的均衡 H 点，那表明无差异曲线斜率没有变化，且移动距离等同于预算线移动的距离（如图 6 - 3 中虚线的无差异曲线所示）。把此类的均衡点顺次相连形成了一个直线型收入扩展线 EH。在直线型收入扩展线中，商品 q_1、q_2 的消费需求增加速度与收入增加速度一样（John Eatwell，1996），将此情景带入到式（6.3）发现消费结构没有升级。

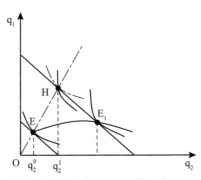

图 6 - 3　收入增长与消费结构升级

无差异曲线斜率是否变动由下式刻画，即对式（6.5）求关于收入 M 的导数，具体为[①]：

$$\frac{d}{dM}\left[\frac{mu_2(q_2(p_1,\ p_2,\ M))}{mu_1(q_1(p_1,\ p_2,\ M))}\right] = \frac{-\beta_2 p_1^2 + \beta_1 p_2^2}{(\alpha_1 p_1^2 p_2 - \beta_1 p_1 p_2(M - p_2 q_2))^2}$$

（6.7）

由于 $\beta_1 > \beta_2 > 0$ 和 $p_2 > p_1 > 0$，故而式（6.7）为正值，说明随着收入的

---

① 式（6.7）是基于均衡消费的求导数，因而消费者均衡条件成立其中，由此把式（6.6）代入式（6.7）的计算可得出以上结果。

增加，斜率增加，无差异曲线变得更陡峭，在向外移动时不再是平移，其外移路径也不是EH。新的均衡状态是在 E_1 点，位于图6-3中H点的右侧。与H点相比，商品 q_2 要比商品 q_1 消费增加的更多，显然消费结构存在升级。顺次连接所有类似 E_1 的均衡点就形成了一条非线性的收入扩展线，如路径 EE_1 所示。随着收入的不断增加，均衡点沿着路径 EE_1 向右下方移动，则消费结构持续升级。

另外，有必要了解一下完全替代商品的消费结构升级情况。完全替代品的无差异曲线为一条斜率不变的直线（如图6-4中虚线所示）。如果无差异曲线斜率小于预算线斜率，则均衡角点解在纵坐标上（见图6-4中的E点）。随着收入增加，无差异曲线斜率增大，直至等于预算线的斜率而与之重合（如图6-4中直线AB所示），当进一步增大大于预算线斜率时，均衡角点解在横坐标上（如图6-4中的 E_1 点所示）。对于完全替代品的扩展性分为两段：在收入很低时，为直线OA；在收入很高时，为E为起点以后的纵坐标部分。

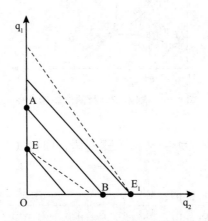

图6-4　完全替代商品的消费结构升级

三、从个体消费结构升级到总消费结构升级

随着经济增长，劳动者的收入增加，单个消费者的消费结构就会升

级。把这种情况放到整个国民经济中去思考一下，随着经济增长，所有消费者的消费结构都在升级，显然总消费需求结构也必然表现出升级的态势。

产业结构升级均衡式（5.24）从宏观角度刻画了技术进步能促进产业结构升级，而单个消费者随着经济增长，收入增加，他们的消费结构也得以升级。这一特性是产业结构升级的微观基础。

第三节　三次产业结构升级与形态决定

在本章的前面部分主要论述了两个问题，一是从理论上论证了只有技术进步才能促进产业结构升级这一客观规律；二是进一步剖析了单个消费者的消费结构升级是产业结构升级的微观基础。但这些研究的结构只有两种最终消费品的结构，为了真正研究三次产业结构升级，也是为了对著名的配第—克拉克定理从理论上进行解释。因此，我们在以下部分对三次产业的产业结构升级及其演变给予系统的研究。

一、三次产业需求结构的决定

从狭义上来说，三次产业分别为农业、加工制造业以及服务业。就满足人类的需求来说，农业是满足人类最基本的生存性需要——温饱问题，是低级需要；加工制造业是在人类温饱问题得以解决后，满足人类享受的需要，属于中级需要；服务业满足的是人类高级的需要（徐德云，2008）。可见，三次产业产品的需求层次依次递增。根据心理体验规律，第一产业的需要强烈而短暂，第三产业的需要淡泊且持久，而第二产业居其间。由此使用经济学的效用论语言来描述产业需求结构，进一步地分析其决定与演进过程。

设定经济社会只生产三种产品，分别代表三次产业，顺次以 i 表示。第 i 产业的经济福利设为 $u_i(Y_i)$。Y_i 为第 i 产业的收入，Y 为总收入，即 $Y = \sum_{i=1}^{3} Y_i = Y_1 + Y_2 + Y_3$。$mu_i$ 为第 i 产业经济福利的边际量为：$mu_i = \dfrac{du_i(Y)}{dY}$。如图 6-5 所示，根据消费的心理体验规律，在起点，第一产业经济福利的边际量 mu_1 要大于第二、第三产业经济福利的边际量分别为 mu_2 和 mu_3，表明对第一产业需要的需求最强烈，但 mu_1 下降速度要比 mu_2、mu_3 更快，表明该需求短暂不持久，易于满足；mu_2、mu_3 起点低，表明需求淡泊，其下降速度慢是需求持久使然，即：$\dfrac{dmu_1}{dY} > \dfrac{dmu_2}{dY} > \dfrac{dmu_3}{dY}$，从图 6-5 中可知第一、第二、第三产业的收入弹性依次递增，原因是产业需求的心理体验不同，产业间的需求弹性不同使然。

经济社会的目的在于追求经济福利最大化，即：

$$\text{MAX} \sum_{i=1}^{3} u_i(Y_i) \tag{6.8}$$
$$\text{s. t} \quad Y_1 + Y_2 + Y_3 \leqslant Y$$

显然，经济福利最大化的条件是三次产业需求的边际效用都相等，即：

$$mu_1 = mu_2 = mu_3 \tag{6.9}$$

式（6.9）就是在国民收入既定下，经济福利最大化的均衡条件，其解就是均衡的产业需求结构且是唯一的。由此得出

结论 1　在均衡式（6.9）的作用下，既定的国民收入决定了一定的产业需求结构，而且这种产业需求结构是唯一的。

在图 6-5 中，式（6.9）表现为一条水平线，如图 6-5 最下方的一条水平线所示，存在 $mu_1(Y_1^2) = mu_2(Y_2^2) = mu_3(Y_3^1)$。则经济福利为最大时，均衡的国民收入总量及其产业收入结构为 $Y = Y_1^2 + Y_2^2 + Y_3^1$。

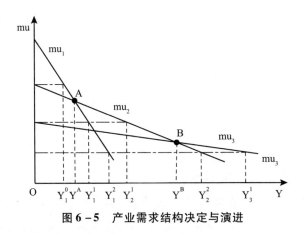

图 6 – 5 产业需求结构决定与演进

二、产业需求结构演进

在收入既定和消费需要的心理体验规律支配下，经济福利最大化的均衡产业需求结构为唯一状态。随着经济增长，国民收入增加，在均衡式（6.9）的作用下，产业需求结构必然会发生变动，具体分析如下：

第一阶段，当经济增长处在 $Y < Y_1^0$ 时，社会经济福利最大化问题式（6.8）不存在内点解，式（6.9）不成立，只有角点解为：$mu_1(Y) > mu_2(0) > mu_3(0)$。显然，该式表明，对第一产业产品的需要强烈于第二、第三产业产品的需要。所有的国民收入都用于第一产业产品的消费，第二、第三产业没有需求，社会的需求结构为（y_1, 0, 0），如图 6 – 5 所示。

第二阶段，当经济增长处于 $Y_1^0 < Y < (Y_1^1 + Y_2^1 + 0)$ 时，即图 6 – 5 中最上方的两条水平虚线之间，均衡式（6.9）同样也不成立，社会问题式（6.8）的解仍为角点解：$mu_1(y_1^1) = mu_2(y_2^1) > mu_3(0)$。此时，所有的国民收入都用于第一、第二产业产品的消费，第三产业没有需求。产业需求结构为（Y_1, Y_2, 0）。从构成上来看，第一产业需求比重下降。第二产业需求比重上升，过 A 点后，则大于第一产业的需求比重。

第三阶段，当经济增长达到 $Y > (Y_1^1 + Y_2^1 + 0)$ 时，社会经济福利最大化的均衡式（6.9）成立，三次产业的产品都有需求。在这一阶段，随着经济增长，第一产业需求比重仍然下降，第二产业比重也下降（也可能在上一阶段）。第三产业需求比重上升，过 B 点后，为最大。最后，根据上述得出：

结论 2　在均衡式（6.9）的作用下，随着经济增长，产业需求结构演进表现的形态是，需求重心经过三个阶段，第一阶段第一产业的需求比重最大；第二阶段第二产业比重最大；第三阶段第三产业比重最大，其中，第一、第二产业的需求比重不断下降。同时在路径上，产业需求结构的演进和经济增长——对应。

当然，随着经济增长，产业需求结构重心向第二产业再向第三产业的这种稳定移动的态势我们可定义为产业需求结构升级。

三、产业需求结构对产业结构升级形态的决定

在产业供求结构均衡下，它们在变动方向和力度上完全一致，使得产业收入结构也随之一致。那么均衡的产业收入结构决定或变动可以完全反映产业供求结构的决定和变动，故而采用产业收入结构反映均衡的产业结构。

从产业结构来看，一国的经济总量及其增长率表现为三次产业总量及其增长率之和，相应地经济增长率就取决于各个产业增长率和结构的转换关系。反过来，各个产业增长率或结构转换发生变化，那么经济增长率 G 也会产生相应变动。因此，产业结构和经济增长率之间的关系可以表示为：

$$G = \frac{\Delta Y}{Y} = \frac{\Delta Y_1 + \Delta Y_2 + \Delta Y_3}{Y_1 + Y_2 + Y_3} = \frac{\dfrac{\Delta Y_1}{Y_1} \cdot \dfrac{Y_1}{Y_1} + \dfrac{\Delta Y_2}{Y_2} \cdot \dfrac{Y_2}{Y_1} + \dfrac{\Delta Y_3}{Y_3} \cdot \dfrac{Y_3}{Y_1}}{1 + \dfrac{Y_2}{Y_1} + \dfrac{Y_3}{Y_1}}$$

（6.10）

其中，$\dfrac{\Delta Y}{Y}$、$\dfrac{\Delta Y_i}{Y}$分别表示经济总增长率、第 i 产业的经济增长率；$\dfrac{Y_i}{Y_1}$分别反映第 i 产业收入分别与第一产业收入的比例关系，体现了三次产业的收入结构状况。式（6.10）还可表述为：

$$G = G\left(\dfrac{\Delta Y_i}{Y_i},\ \dfrac{Y_1}{Y_1},\ \dfrac{Y_2}{Y_1},\ \dfrac{Y_3}{Y_1}\right) \tag{6.11}$$

式（6.11）表明经济增长与产业增长和产业结构的变动有关。随着经济增长，产业需求结构升级遵循一定的变动路径，导致产业供给结构的形态与之一致，导致产业结构升级形态与之一致。

如图 6-5 所示，在式（6.11）中，当经济增长处在第一阶段时，只有第一产业，产业结构状况为 $Y = Y_1 = (Y_1 + 0 + 0)$；在第二阶段，经济中只有第一、第二产业，产业结构为 $Y = (Y_1 + Y_2 + 0)$，其中，第二产业收入比重增加，最后大于第一产业收入比重；在第三阶段，第一、第二产业收入比重都下降，第三产业收入比重最大，即式（6.11）中的 $\dfrac{Y_1}{Y_1}$、$\dfrac{Y_{21}}{Y_1} < \dfrac{Y_3}{Y_1}$。

四、产业结构演进的规律

根据配第—克拉克定理，在三次产业中，随着时间的推移，第一产业的劳动及其收入比重是递减的。第二产业的这些比重是先上升，而后就一直下降。但第三产业的这些比重则始终递增（见图 6-6）。

在图 6-6 中，t 为人类文明进步的时间。i 取值范围 1~3，分别代表三种产业。$\dfrac{Y_i}{Y}$、$\dfrac{L_i}{L}$分别为第 i 产业的收入、劳动在相应总量中的比重。

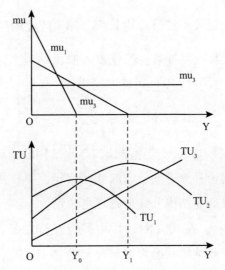

图 6-6   从经济福利水平看三次产业结构演变

在人类文明起源时，第一产业的生产力极低，严格意义上的第二、第三次产业没有出现。人类用所有的资源生产农产品，并加以消费。这一阶段（如图6-6中的国民收入在0到Y_0之间）被称为"农耕文化"。但随着文明的进步，第二、第三产业的出现，用于农产品生产的资源及产生的收入比重呈递减态势。

$$\lim_{t \to 0} \frac{Y_1}{Y} = 1, \quad \lim_{t \to 0} \frac{L_1}{L} = 1; \quad \lim_{t \to \infty} \frac{Y_1}{Y} = 0, \quad \lim_{t \to \infty} \frac{L_1}{L} = 0 \qquad (6.12)$$

第二产业是人类文明经过一段时间后，社会分工及专业化的出现，以及生产的迂回性，农业地位下降；第二阶段是第二产业为主导（如图6-6中的Y_0与Y_1之间），并占用了绝大部分的经济资源。人类进入了"工业文明时代"。第二产业的劳动比重，及收入比重是先上升，而后就一直下降（注意：图6-6及以下的数学公式并没有全部反映这种上升的态势）。

$$\lim_{t \to 0} \frac{Y_2}{Y} = 0, \quad \lim_{t \to 0} \frac{L_2}{L} = 0; \quad \lim_{t \to \infty} \frac{Y_2}{Y} = 0, \quad \lim_{t \to \infty} \frac{L_2}{L} = 0 \qquad (6.13)$$

第三产业是满足人类最为崇高的追求。文明发展到这一阶段，人类将用最大的资源去获得幸福。在这一阶段，农业地位继续没落，整个工业开始下降为夕阳产业。第三产业成为主导产业，其收入比重、劳动力比重逐年递增。这段时间就是现在我们所称的，也正面临的"新经济""信息经济"或"知识经济"。

$$\lim_{t \to 0} \frac{Y_3}{Y} = 0, \ \lim_{t \to 0} \frac{L_3}{L} = 0; \ \lim_{t \to \infty} \frac{Y_3}{Y} = 1, \ \lim_{t \to \infty} \frac{L_3}{L} = 1 \qquad (6.14)$$

从产业结构来看，人类财富增长的全过程是由承前启后的三个阶段构成。就目前来看，经济增长就包括这三个阶段。在未来，随着人力资本、劳动生产率的不断提高，不需要充分就业，社会财富就能极大丰富，使得消费的边际效用都等于0，社会必将产生绝对过剩的劳动力人口。

最后得出结论，在要素市场、产品市场的不断调节下，生产、交换实现均衡状态，生产力将全部转化为财富或收入。随着经济社会的财富创造能力或生产力的不断提高，收入也将不断增加。在收入不断增加的过程中，经济社会的需求结构也不断变化，并呈现出一种稳定的规律性变动，即整个需求结构随着收入增长而变动，主要有三个阶段，在第一阶段，第一产业的需求所占比重最大；第二阶段，第一产业需求减少，第二、第三产业需求增加，其中第二产业需求所占比重最大；最后，在第三阶段，第一、第二产业需求都减少，第三产业需求增加，其中第三产业需求所占比重最大。

第四节 本 章 小 结

从产业结构视角来看，国民收入由产业供给结构和产业需求结构共同决定，但产业结构升级形态却由产业需求结构演进决定。其原因在于：作为一种行为，消费受消费欲望的心理所支配，消费心理的变化决定了消费行为的变化。不同商品消费的偏好存在差异，随着收入增加，这种差异使得它们的效用函数在演进时所遵循的路径各不相同，从而呈现出消费结构升级，进而是产业结构升级的特征。

宏观总消费结构状况的演变决定了产业结构升级的形态，但它又要仰仗于每个个体消费结构变化为基础。单个消费者消费升级特征就是：随着收入增加，高级商品的消费支出增加要大于低级商品的消费支出增加。所有消费者这种消费升级特征的累加就形成了总消费结构升级特征。

依据产业结构升级的理论，分析了国民经济三次产业的结构升级及演化路径，其结论是：

随着经济从低到高的增长过程中，三次产业结构升级形态的演进表现为三个阶段：在第一阶段，第一产业的需求比重最大；在第二阶段，第二产业比重最大；到第三阶段，第三产业比重最大，第一、第二产业的需求比重不断下降。同时，还指出产业结构升级的演进和经济增长是一一对应的。

第七章

产业结构优化理论的经验验证

第一节　存在性与稳定性的验证

在前面的研究中，从长期和短期视角构建了产业结构优化理论，但理论还需要经济实践做出验证，以证实理论是否有效。当然，在产业结构理论构建过程中，有一个处在封闭经济条件下的假定，并没有研究开放经济条件下产业结构优化的理论。在现实经济中，所有国家的经济都不可能是完全封闭的，也不可能是完全开放的，各国经济的开放或封闭程度各有不同。在开放经济条件下，产业结构的均衡机制增加了一个来自进出口方面的冲击，但其均衡机制仍然存在（蒋中一，1999）。所以现实经济的数据能说明在开放经济条件下，产业均衡结构仍然能实现。就美、英、德、法、日等国家的时间序列数据来看，经过测算，西方发达国家的数据结果与产业结构优化理论观点吻合得最好，而发展中国家产业结构优化理论和经济现实的拟合度要逊于经济发达国家。

与这些发达的资本主义国家相比，在 20 世纪 90 年代加入世贸组织以前，中国的经济封闭程度要高很多。但在加入世贸组织后，中国融入世界经济一体化程度不断加深，经济开放度越来越高。我国全面、积极参与全球价值链分工，并从低端位置不断向上攀升，更为重要的是中国建立了门类齐全的制造业体系。这些情况表明中国并不是以高度发展某一些产业，同时放弃其他一些产业这一极端方式参与全球价值链分工的。全面发展、全面提高我国产业既是历史上曾经有过被人"卡脖子"的教训，也是保证我国经济产业安全的现实需要。

由此说明，中国参与世界经济一体化目的在于全面提升整个国民经济，尤其是注重制造业的发展，以期在未来使整个国民经济以自主的方式参与、甚至主导世界经济。

正是因为这一宏伟战略目标，中国就本着全面参与、全面提高的目标加入世贸组织，而不是为了配套全球产业链只专门发展一部分产业而分得一杯羹而已。从这一点来说，中国现有经济虽然是国际开放程度高，但是包括所有产业的国民经济整体都在发展，所以使用中国的统计数据用于产业结构优化理论的验证是有效的。

一、产业结构均衡与偏离

如果说产业结构均衡测定度 r 值是以无规律地上下振荡，且无明显的收敛迹象，那就表明这种指标的设置是错误的。那么，前面所建立的产业结构理论都不能成立。

从图 7 – 1 中可以看出，1952～2018 年，我国产业结构均衡测定度 M 值从一开始就是递减的，且递减速度由快变慢。从产业结构偏离度系数来看，我国产业结构均衡偏离度表现为四个阶段：

第一阶段大致是 1952～1964 年。在这一阶段总体趋势上产业结构偏离度很大，但在 1958 年、1959 年出现异常，产业结构偏系数[①]急剧下降至 0.63 和 0.84，而后又迅速在 1963 年升到高位 2.26 以上，随后

---

① 产业结构偏离系数 M 值见附录表 3。

逐年下降。其中异常情况主要原因在于在1958年国家推动了"大炼钢铁"政策。

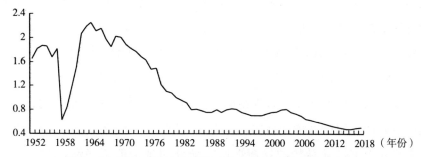

图7-1　1952~2018年我国产业结构均衡偏离度系数M

资料来源：1987年、1994年、1999年、2001年、2004年、2008年、2012年、2017年和2019年《中国统计年鉴》，国家统计局。根据相关数据计算。

第二阶段是1965~1977年。我国在这一阶段的产业结构偏离系数仍然处于较高水平，但在总体趋势上不断下降。这一阶段产业结构偏离系数从1966年的2.15快速下降至1977年的1.49。

第三阶段是1978~2005年。虽然数据显示产业结构偏离度自1982年始下降至0.96以后，我国产业结构偏离度就一直低于1，表明我国产业结构均衡度在不断提高。这一阶段产业结构偏离度下降的解释原因在于1978年，中国共产党第十一届三中全会胜利召开，中央在制定改革开放政策、梳理各种经济政策和经济关系后，其政策效果在1982年得以体现出来。在这一阶段，我国经济体制处在改革完善阶段，产业结构系数偏离度一直稳定在0.7左右。

在这一阶段后期，大致在1992年以后一段时期内，我国继续实行改革开放政策，同时国内经济改革不断深化。从20世纪80年代到2000年左右，中国特色的社会主义市场制度从建立到基本完善工作已完成。也可以说到2000年以后，中国特色的社会主义制度布局已基本完成，此后，中国经济就是在这个路径上如何快速增长的问题。

第四阶段是从2006年至今。2005年我国产业结构偏度系数下降至

0.4~0.5 之间，每年均显著下降。这一阶段我国经济取得了巨大成就，制造业超越美国，成为世界第一的制造业国家，2011 年中国跃居世界第二大经济体。这一阶段，我国产业结构偏离度继续稳定递减，产业结构均衡度且处于较高水平，说明我国社会主义市场制度从建设到完善的工作也已完成，同时源源不断地释放出巨大能量，调节着我国经济快速稳定地增长。

从图 7-1 来看，虽然中国的产业结构一直是非均衡的，但其产业结构偏离系数值的变化是有规律的，并不是以任意的方式出现的，这种规律恰好能证明产业均衡结构是存在的。以下运用简单的时间序列自回归来研究中国产业结构的均衡性以实证证明理论的正确性。对 1952~2018 年的产业结构均衡度值进行一元自回归得出：

$$M = 1.938899 - 0.02384t \qquad (7.1)$$
$$(17.91) \quad (-11.0)$$

$$R^2 = 0.68231, \quad \text{Adjusted } R^2 = 0.677424, \quad F = 120.95$$

在上式中的 t 是时间，从 1952~2018 年分别依次取值 1 至 67，括号中的数字是 t-统计量，回归结果非常严格。该式说明，我国自 1952~2018 年间产业结构偏离系数是下降的，平均每年为 -0.02384，由此可论证短期产业结构优化理论的正确性，即产业结构虽然不均衡，但是经济的稳态性使得 M 变小且趋于 0，从而产业结构趋于均衡。

实现产业结构均衡依赖于市场所具备的对产品市场和要素市场的供求调节功能。从新中国建立至今，我国产业结构偏离系数不断递减，产业结构越来越趋向于均衡状态，主要原因在于：先是我国经济体制的不断完善，建立了社会主义市场制度；此后随着改革不断深化，社会主义市场制度逐步完善，从而对我国产品市场和要素市场的供求调节功能不断提升。

二、产业结构升级的验证

产业结构升级机制是随着技术进步，经济增长而使得产业结构中第三产业比重不断增加的一个过程。从图 7-2 中可以看出，从 1952~

2018 年的 67 年间，我国产业结构升级系数 F 值总体趋势是递增的，也就是表明我国产业结构一直在升级①。

图 7 - 2　1952 ～ 2018 年我国产业结构升级系数 F

资料来源：1987 年、1994 年、1999 年、2001 年、2004 年、2008 年、2012 年、2017 年和 2019 年《中国统计年鉴》，国家统计局。根据相关数据计算。

从产业结构升级系数来看，我国产业结构升级还是存在波动，尤其是在 1959 年、1960 年产业结构升级系数 F 值上升至 2.0 以上，到次年又降到 2.0 以下，时隔 25 年后，在 1985 年产业结构升级度才达到 2.0 以上。对 1959 年和 1960 年产业结构升级异常情况的解释原因还是由于在 1958 年，与我国推行的"大炼钢铁"政策，直接推动了制造业高速发展有关。

在其他年份产业结构升级系数增长均较为平稳，之所以还存在一定的波动，主要是因为产业结构并没有处在均衡状态。

以下运用简单的时间序列自回归来研究中国产业结构升级系数，以实证证明理论的正确性。对 1952 ～ 2018 年以收入比重计算的产业结构升级系数 F 进行一元自回归得出：

$$F = 1.758972 + 0.009405t \qquad (7.2)$$
$$(77.85) \qquad (19.53)$$

$$R^2 = 0.8605, \; \text{Adjusted } R^2 = 0.8735, \; F = 381.34$$

---

① 产业结构升级系数 F 值见附录附表 3。

在上式中的 t 是时间，从 1952～2018 年分别依次取值 1～67，括号中的数字是 t－统计量，回归结果非常严格。该式说明，我国自 1952～2018 年间产业结构升级系数是上升的，平均每年为 0.009405。由此就论证了长期产业结构优化理论的正确性。

第二节　中国经济波动与产业结构均衡偏离的验证

一、经济波动的划分及其特点

当经济出现波动时，伴随着的经济现象主要有国民收入的减少、失业率增加、通货紧缩，以及股市下滑等。在分析经济波动中，一般使用经济增长率变动分析、投资变动分析或失业率变动分析（陈乐一，2002）。对于本书的研究，我们使用经济增长率变动测度，用于分析我国经济周期的相关特征。

从图 7－3 可知，自中华人民共和国成立以来，我国的经济存在明显的周期性波动，从 1952～2018 年期间波动频繁，且较为剧烈。除 2008 年因为美国华尔街金融风暴冲击了我国外贸出口以外，从 1990～2018 年，中国经济较为平稳，波动幅度较小。从总体上看，中国经济这种波动是否具有周期性，还是时间序列的一种随机现象？要回答这个问题，就必须加以分析。

（一）经济增长率的原始数据分析

从 1952～2018 年的 67 年间，根据从"谷—谷"为一个周期可将我国国内生产总值增长率划分成 14 个经济波动（见表 7－1 和图 7－3）。对此可以从经济波动频率和经济波动振幅这两个方面来分析我国经济波动的情况。

表 7 – 1   1954 ~ 2018 年我国经济波动的划分与特征

波动起止年份	时间长度 （年）	位势 （%）	振幅 （%）	峰位 （%）	谷位 （%）
1954 ~ 1957	4	7.825	10.7	15	4.3
1958 ~ 1961	4	0.75	48.6	21.3	− 27.3
1962 ~ 1967	6	7.483	23.9	18.2	− 5.7
1968 ~ 1972	5	8.6	23.4	19.3	− 4.1
1973 ~ 1974	2	5.05	5.5	7.8	2.3
1975 ~ 1976	2	3.55	10.3	8.7	− 1.6
1977 ~ 1979	3	8.97	4.1	11.7	7.6
1980 ~ 1981	2	6.45	2.7	7.8	5.1
1982 ~ 1986	5	11.46	6.3	15.2	8.9
1987 ~ 1990	4	7.75	7.8	11.7	3.9
1991 ~ 1999	9	10.67	6.5	14.2	7.7
2000 ~ 2001	2	8.4	0.2	8.5	8.3
2002 ~ 2009	8	10.825	5.1	14.2	9.1
2010 ~ 2018	9	7.8	4.0	10.6	6.6

资料来源：1987 年、1994 年、1999 年、2001 年和 2003 年《中国统计年鉴》，国家统计局。根据相关数据计算。

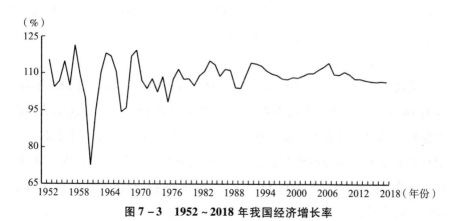

图 7 – 3   1952 ~ 2018 年我国经济增长率

资料来源：1987 年、1994 年、1999 年、2001 年、2004 年、2008 年、2012 年、2017 年和 2019 年《中国统计年鉴》，国家统计局。根据相关数据计算。

首先，从经济波动频率来看，我国的经济波动发生频率总体上较为稳定，且呈较弱的递减趋势，可以分为三个弱化阶段：

第一个阶段是改革开放前，从 1954～1977 年。共有 6 次波动，平均约 3.83 年一次波动。第二个阶段在改革开放后前期，从 1978～1999 年，共有 5 次波动，平均约 4.20 年一次波动。第三个阶段在改革开放后期，从 2000～2018 年，共有 3 次经济波动，平均约 6 年一次波动。当然自 2012 年起，我国经济增长速度放缓，而且还要在将来持续一段时间。

其次，从经济波动振幅来看，根据表 7－1 和图 7－3 所示，从 1954～2018 年的 65 年间，除 1958～1961 年波动周期振幅超过 40% 以上的异常情况外，我国总体上经济波动振幅不大，经济波动振幅在 20%～30% 的有两次，且是新中国刚刚成立的早期阶段。到后期，在 10%～20% 的经济波动只有两次，其余都在 10% 以内。从经济振幅的变动趋势上来看，我国经济波动振幅明显呈递减趋势，表现为三个阶段：

第一阶段，改革开放前从 1954～1977 年，这一阶段的经济波动振幅很大，只有 1973～1974 年经济振幅为 5.50%，低于 10%，其余振幅都很高；第二阶段，改革开放前期，从 1978～1999 年，这一阶段我国经济波动明显较上一阶段振幅减小，最大的经济波动振幅是 1987～1992 年的 7.8%；第三阶段，改革开放后期，从 1999～2018 年，我国的经济波动振幅明显趋于递减趋势，每一个经济波动振幅都小于 10%，最大的也只有 6.5%。

从我国原始的经济增长率数据上看，从 1954～2018 年的 65 年间，共有 14 次经济波动，平均为 4.57 年发生一次波动，虽然看起来波动较为频繁，情况不容乐观，但是从经济波动振幅上来看形势并非如此，我国总体波动振幅递减趋势明显，从 1999～2018 年，经济波动频率降低，只有 3 次经济波动，平均 6.33 年 1 次波动，同时经济波动振幅均低于 10%，说明我国经济运行情况良好，渐入佳境。

（二）经济增长率 5 年平均移动分析

为了更好地研究，有必要对原始数据做一些简单处理，在此可将经济增长率原始数列进行 5 年移动平均，目的是消除短期中（即 5 年以内）的随机波动，如表 7 – 2 和图 7 – 4 所示。

表 7 – 2　　　　1955 ~ 2018 年我国经济波动 5 年平均移动的分析

波动起止年份	时间长度（年）	位势（%）	振幅（%）	峰位（%）	谷位（%）
1955 ~ 1961	7	5.689	14.18	11.46	- 2.72
1962 ~ 1967	6	6.007	11	10.12	- 0.88
1968 ~ 1969	2	7.06	0.72	7.42	6.7
1970 ~ 1974	5	7.556	6.78	10.98	4.2
1975 ~ 1978	4	6.03	1.84	6.8	4.96
1979 ~ 1981	3	8.087	0.1	8.06	7.96
1982 ~ 1988	7	10.526	4.1	12.08	7.98
1989 ~ 2000	12	9.763	4.34	12.4	8.06
2001 ~ 2018	16	9.468	4.82	11.68	6.86

资料来源：1987 年、1994 年、1999 年、2001 年和 2003 年《中国统计年鉴》，国家统计局。根据相关数据计算。

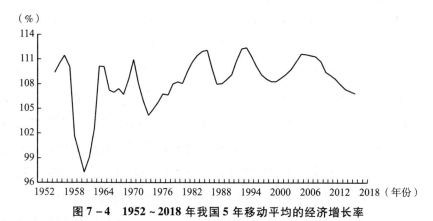

图 7 – 4　1952 ~ 2018 年我国 5 年移动平均的经济增长率

资料来源：1987 年、1994 年、1999 年、2001 年、2004 年、2008 年、2012 年、2017 年和 2019 年《中国统计年鉴》，国家统计局。根据相关数据计算。

经过对我国经济增长率 5 年平均移动后，从 1952 ~ 2018 年，根据从"谷—谷"为一个经济波动的划分依据，我国经济共有 9 个波动，如表 7-2 和图 7-4 所示。

从经济波动频率来看，我国的经济波动发生频率总体上较为稳定，平均 7.4 年一个经济周期，且呈较为明显的递减趋势。在改革开放前，从 1952~1977 年共有 5 个经济波动，平均 5 年一个周期。改革开放后至 2018 年期间发生了 4 次经济波动，平均一个周期跨度为 10 年，而且自 1989~2018 年至今 28 年只有 2 次经济波动，平均每个经济波动长至14.5 年，所以经济频率递减的趋势越来越显著。由此表明我国市场经济制度从确立到完善，所发挥的市场调节功能十分明显。

从经济波动的振幅上看，从 1952 年经济波动振幅高于 10% 以上的只有两次，分别为 1952~1961 年的 14.18% 和 1962~1967 年的 11%，其余均低于 10% 的振幅，且大都都低于 5%。从总体上讲我国经济波动振幅也是处于明显的递减态势。改革开放前，经济波动振幅很大，仅有的两次超过了 10% 的经济波动振幅都在这一时期。从 1960~1962 年连续 3 年经济负增长，随后发生了"文化大革命"，使刚刚经过调整有所恢复的经济又急转直下，导致了 1967 年、1968 年再一次出现负增长。这一时期的国民经济周期总的表现是：经济增长时快时慢，波动幅度较大。

自改革开放以来，我国的经济增长率一直很高，从未出现过负增长，即使在最低点的 1990 年，其增长率仍然达到了 3.9%。就总体来说，我国经济的增长速度比同期的西方发达国家的经济增长速度要高得多，在发展中国家中，除少数国家外，我国的经济增长速度较高，但也很明显地看到经济增长率的起伏较大。经济增长率[1]最高在 2007 年达到14.2%，而最低则在 1990 年，为 3.9%，波位落差较大，达 10.3%。

从表 7-2 可看出，在这个时期内，经济在运行中存在着 9 次明显的周期性波动，每个波动的时间跨度不断拉长。1989~2000 年为一个周

---

[1] 经济增长率数据见附录表 3。

期性波动。时间跨度为12年。最近一次波动，从2001~2018年起至今已有18年，而且这个波动还在继续，目前并没有停止，有可能还要持续几年。我国经济波动所表现的主要特点如下：

一是周期长度不规则，发生频率高。我国经济周期的时间长度参差不齐，长短不一。长的达18年，短的只有2年，差别很大，极不规则。

二是波动幅度较大，经济周期呈收敛趋势。在1955~2018年的9次周期波动中，振幅最大达到14.18%，最低的也有0.1%。另外从各周期经济增长率的变异系数来看，改革开放前明显偏大，尤其是第二个周期，其变异系数高达3391.2%。这表明改革开放前受三年自然灾害、"文化大革命"等外生性因素影响，我国经济增长波动很大，极不稳定。改革开放后，各周期经济增长率的变异系数明显变小，这表明由于政治环境的稳定，市场机制的导入和宏观调控的改善，我国经济增长波动程度大大降低。除了波动幅度减小外，周期长度拉长，呈收敛趋势。尤其是第9个周期，长达18年之久。

二、产业结构波动的划分及其特点

在实证研究经济波动中，通常的做法是采用经济增长率。在此使用产业结构均衡偏离度 M 表示产业结构不均衡的偏离度。就定量认识而言，经济的发展过程可以认为是国民生产总值的一个时间序列，产业结构均衡偏离度 M 是反映产业结构不均衡度的绝对测量值和国民生产总值的一个时间序列相匹配，二者之间具有可比性。而经济增长率是相对数，不能直接和 M 同时使用。为此，计算出 M 的逐年环比相对数时间序列和经济增长率进行比较，具体计算结果如附录表3所示。

在产业结构的理论研究中，我们认为，和利用经济增长率反映经济波动一样，使用产业结构均衡偏离度指标值的波动就能完全反映和指示经济周期的波动度，也就是说，不论哪一个更准确，至少二者在反映经济波动度上不能差异过大，否则就有存在一个必然的缺陷。

由于产业结构偏离度和经济增长率是反向变动的，为便于比较，我们在此使用从"峰—峰"的方式反映一个完整的经济周期。

从我国产业结构变动率的原始数据上来看，经济波动非常的频繁（见图7-5和表7-3）。从1952～2018年，共有20次经济波动。从经济波动振幅上来看，1958～1960年的经济波动振幅高于100%；在100%和20%有1次；在10%～20%的波动振幅共有6次；在6%～10%有5次；低于6%以下的有7次。

图7-5　1952～2018年我国产业结构偏离变动率

资料来源：1987年、1994年、1999年、2001年、2004年、2008年、2012年、2017年和2019年《中国统计年鉴》，国家统计局。根据相关数据计算。

表7-3　　　　　　　　1952～2017年我国产业结构偏离变动分析

波动起止年份	时间长度（年）	位势（%）	振幅（%）	峰位（%）	谷位（%）
1952～1957	6	2.27	20.45	10.21	-10.25
1958～1960	3	3.25	107.42	41.92	-65.49
1961～1962	2	32.20	9.43	36.91	27.48
1963～1966	4	1.06	11.83	5.64	-6.19
1967～1969	3	-1.71	17.26	9.24	-8.02
1970～1973	4	-3.30	5.16	-0.83	-5.99

续表

波动起止年份	时间长度（年）	位势（%）	振幅（%）	峰位（%）	谷位（%）
1974～1975	2	-3.79	1.44	-3.26	-4.69
1976～1977	2	-4.38	10.14	0.69	-9.45
1978～1980	3	-9.78	15.30	-2.37	-17.67
1981～1983	3	-5.41	3.13	-4.18	-7.31
1984～1985	2	-5.68	13.32	0.98	-12.34
1986～1989	4	-0.36	9.04	5.34	-3.70
1990～1991	2	0.27	11.19	5.87	-5.32
1992～1997	6	-2.04	8.37	2.38	-5.99
1998～2000	3	2.65	4.93	4.44	-0.48
2001～2002	2	2.59	3.44	4.31	0.87
2003～2005	3	-3.03	8.09	1.39	-6.70
2006～2008	3	-5.10	2.37	-2.62	-4.99
2009～2010	2	-3.32	0.97	-2.84	-3.81
2011～2017	7	-2.28	7.68	3.09	-4.58

资料来源：1987年、1994年、1999年、2001年和2003年《中国统计年鉴》，国家统计局。根据相关数据计算。

改革开放前，1952～1957年是我国经历的第一个产业结构波动，从图7-5中，我们可以看出产业结构波动幅度较大。这个时期峰谷落差的波动幅度为20.45%。1958～1960年是我国经历的第二个产业结构波动，其特点表现为产业结构波动很大，峰谷落差振幅高达107.42%。1961～1962年是我国第三次产业结构波动，较前一次波动小了很多，波动振幅仅为9.43%。1963～1966年、1967～1969年、1970～1973年以及1974～1975年均发生在"文化大革命"期间，连续发生4次产业结构波动，其波动幅度仅次于前3次，最高达17.26%。

在进行定量分析之前，同样需要对产业结构均偏离度的原始数据做一些简单处理，对于原始数据求出产业结构均衡偏离度的变动值，即逐年的环比相对数，再将产业结构均衡偏离度相对变动率（以后简称为产业结构变动率）的时间数列进行 5 年移动平均，目的是消除短期，即 5 年以内的随机波动（见表 7 - 4 和图 7 - 6）。

表 7 - 4　　　　1955 ~ 2018 年我国产业结构偏离变动的 5 年移动平均分析

波动起止年份	时间长度（年）	位势（%）	振幅（%）	峰位（%）	谷位（%）
1955 ~ 1961	7	5.33	41.93	29.06	- 12.88
1962 ~ 1968	7	5.42	26.16	23.01	- 3.15
1969 ~ 1971	3	- 1.56	1.59	- 0.79	- 2.39
1972 ~ 1975	4	- 4.08	1.18	- 3.58	- 4.76
1976 ~ 1979	4	- 7.37	0.92	- 6.88	- 7.80
1980 ~ 1981	2	- 6.93	2.70	- 5.58	- 8.28
1982 ~ 1987	6	- 4.12	6.09	- 0.09	- 6.19
1988 ~ 1990	3	0.30	0.79	1.35	0.56
1991 ~ 1993	3	- 0.07	2.26	1.36	- 0.91
1994 ~ 2001	8	- 0.06	5.93	3.00	- 2.93
2002 ~ 2010	9	- 3.14	6.02	0.86	- 5.16
2011 ~ 2018	8	- 2.67	3.80	- 0.14	- 3.94

资料来源：1987 年、1994 年、1999 年、2001 年和 2003 年《中国统计年鉴》，国家统计局。根据相关数据计算。

　　根据"峰—峰"的经济波动划分标准，在改革开放前，1955 ~ 1961 年是我国经历的第一个完整的产业结构波动。从图 7 - 6 中，我们可以看出产业结构波动幅度较大。这个时期峰谷落差的波动幅度为 29.06%。1962 ~ 1968 年是我国经历的第二个产业结构波动，其特点表现为产业结构波动仍旧很大，峰谷落差振幅高达 26.16%。1969 ~ 1971 年是我国第三次产业结构波动，较前一次经济波动下降很多，振幅达 1.59%。1972 ~ 1975 年和 1976 ~ 1979 年基本发生在"文化大革命"期间，连续发生两次产业结构波动，其波动幅度均在下降。

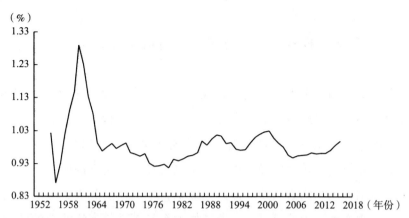

图 7 - 6 1952～2018 年我国 5 年移动平均的产业结构偏离变动率

资料来源：1987 年、1994 年、1999 年、2001 年、2004 年、2008 年、2012 年、2017 年和 2019 年《中国统计年鉴》，国家统计局。根据相关数据计算。

自 20 世纪 80 年代以来，我国政策转为经济建设为中心，随着市场制度的建立和不断地完善，经济处于一个稳定的外界环境中。产业结构的波动振幅极大地收敛，不再大起大落，稳定在一个正常的幅度内（见图 7 - 6）。产业结构的偏离度不断减少，但比同期的西方发达国家的产业结构偏离度要高得多。在这个时期内，经济结构在运行中存在着明显的周期性波动。这是我国在 20 世纪 90 年代以来，现代市场制度的建立、加入世贸组织、参与国际经济一体化和信息时代的技术进步冲击导致经济增长而产生的产业结构更不均衡的原因。这一阶段我国产业结构波动存在的主要特点如下：

一是经济波动发生频率高。1955～2018 年我国共有 12 次经济波动。二是波动幅度较大，经济波动呈非常明显的收敛趋势。在 12 次经济波动中，振幅最大达到 41.93%，这些波动度是发生在改革开放之前。到改革开放之后，我国产业结构波动振幅极大地收敛，不再大起大落，除个别年份外，都稳定在 9% 以下（见图 7 - 6）。

三、产业结构偏离与经济增长波动的比较验证

在产业结构均衡理论研究中，关于产业结构与周期得出一个结论：产业结构不均衡是经济周期的内在机制，在经济结构不均衡时，必定存在经济波动；当出现经济波动时，产业结构必定是不均衡的。换言之，绝没有产业结构均衡时的经济周期，也没有经济稳定下的产业结构不均衡。产业结构不均衡必然使经济产生波动，不均衡度越大，经济波动就越大，反之亦然。由此可见，产业结构均衡与否就是经济波动的传导机制。其他一切内生性或外生性成因发生异变时，首先必然导致产业结构不均衡，从而产生经济波动，这一过程如图 7－7 所示。如此说来，产业结构变动率与经济增长率之间呈反方向变动，产业结构变动率越大，则经济增长率越小（反之亦然），但在变动幅度上是一致的，这两点就是我们要进行验证的具体内容。

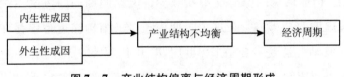

图 7－7　产业结构偏离与经济周期形成

在图 7－8 中，产业结构变动率和经济增长率的数据都是未经处理的原始数据，从图 7－8 上可以看出，在它们之间大体上呈现出波动方向相反和振幅较为一致的关系，但是并不十分明显。在这些原始数据时间序列之间的相关系数为－0.41968，说明产业结构变动和经济增长率之间的反方向变动关系，但其绝对值很小，这种关系的相关程度不是很高，主要原因是在产业结构不均衡时产生了国民收入波动，它们之间一是存在时间滞后期；二是产业结构不均衡时间周期诱导了国民收入波动时间，周期之间不一定完全一致。

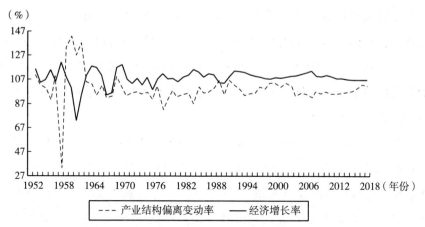

图 7 - 8　1952 ~ 2018 年我国产业结构偏离与经济波动比较

资料来源：1987 年、1994 年、1999 年、2001 年、2004 年、2008 年、2012 年、2017 年和 2019 年《中国统计年鉴》，国家统计局。根据相关数据计算。

　　在 1967 年、1975 年和 1990 年的波动期间，产业结构变动和经济增长率之间的变动方向并不是反方向的，而是同方向的，这里面应该还要考虑到时间滞后的因素。

　　在图 7 - 9 中，我们对经济增长率和产业结构变动率的时间序列进行

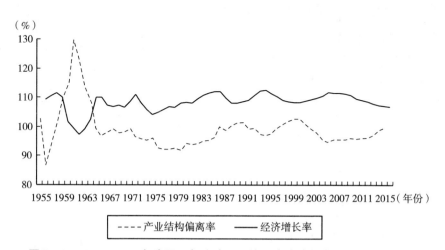

图 7 - 9　1955 ~ 2018 年我国 5 年移动平均的经济波动与产业结构偏离比较

资料来源：1987 年、1994 年、1999 年、2001 年、2004 年、2008 年、2012 年、2017 年和 2019 年《中国统计年鉴》，国家统计局。根据相关数据计算。

了 5 年移动平均的处理。首先，要求验证产业结构不均衡度的"谷"与经济增长率的"峰"相对应的关系，即产业结构均衡偏离与经济增长率波动反方向变动。因此，对于产业结构均衡度与经济增长在图 7-9 中的关系应显示为：在同一波动中，产业结构不均衡偏离度的"谷"与经济增长率的"峰"相对应。

首先，按照"峰—峰"划分法，在 1952~2018 年的 67 年间，我国产业结构均衡偏离波动共出现 12 次波动；同时期，根据"谷—谷"经济增长率也有 9 次波动（见图 7-9 和表 7-5）。其中仅有 1 次在 1955~1961 年，经济波动和产业结构波动是完全在同一个时间段，其余都发生了时间错位和时间跨度不一致的情况。发生时间错位就是出现了滞后期，一般都在 1 年，长的时间不超过 2 年。

表 7-5　　　1955~2018 年我国经济波动 5 年平均移动的对比验证

起止年份		时间长度（年）		振幅（%）	
经济波动	产业结构波动	经济波动	产业结构波动	经济波动	产业结构波动
1955~1961	1955~1961	7	7	14.18	41.93
1962~1967	1962~1968	6	7	11.00	26.16
1968~1969	1969~1971	2	3	0.72	1.59
1970~1974	1972~1975	5	4	6.78	1.18
1975~1978	1976~1979	4	4	1.84	0.92
1979~1981	1980~1981	3	2	0.28	2.70
1982~1988	1982~1987	7	6	4.10	6.09
1989~2000	1988~1990	12	3	4.34	0.79
	1991~1993		3		2.26
	1994~2001		8		5.93
2001~2018	2002~2010	19	9	4.82	6.02
	2011~2018		8		3.80

资料来源：1987 年、1994 年、1999 年、2001 年和 2003 年《中国统计年鉴》，国家统计局。根据相关数据计算。

另外，有 5 次波动在时间上错开了，有 3 次错开的滞后期相同，大致为 1~2 年，其他两次滞后时间不等。另外，还可以把产业结构波动中的 1988~1990 年、1991~1993 年和 1994~2001 年三次波动合并为一个经济波动，与 1989~2000 年经济增长波动相对应；以及 2002~2010 年和 2011~2018 年相合并，与经济增长波动的 2001~2018 年相对应（见表 7-5）。

其次，除了验证产业结构不均衡度的"谷"与经济增长率的"峰"相对应的关系之外。还需验证二者之间的幅度要一致，从图 7-9 中，经济增长率和产业结构变动率之间变动方向相反，振幅一致的关系较前要明显的多，其时间序里的相关系数为 -0.67422，要比前面原始数据的相关系数要高很多。在图 7-9 中这种特征应表现为：产业结构不均衡度的"谷"与经济增长率的"峰"在高度和宽度上大体一致。由图 7-9 中可看出二者之间 9 次相对应的"谷""峰"在高度和宽度上大体一致，没有大"峰"对小"谷"之类的异常情况出现。其中，在 1955~1966 年间，我国产业结构均衡度有一个"大起大落"；相应地，我国国民经济也有一个近似一致的"大落大起"。结合以上论述，在长达近 70 年间，我国产业结构在波动次数上，以及每次波动的幅度与经济周期几乎一致。这不能说是巧合，说明他们之间存在着经济结构理论所揭示的内在联系。

考虑到变量反映存在滞后效应，也可能在时间上将"峰""谷"错开，错开的时间由要素转移速度来决定，但在合乎理论逻辑方面，产业结构均衡度的"峰"应该在经济增长率的"谷"之前。所以，我们对经济增长率滞后一期，得出以下产业结构变动与经济增长率之间的离散图，见图 7-9。在图 7-9 中，它们之间的波动周期在时间上对应得较好。反方向变动与振幅一致的关系也非常明显。

对 1954~2018 年我国经济增长率和产业结构均衡偏离度的 5 年移动平均时间序列进行相关性分析，计算出二者总体相关系数为 -0.683。相关系数为负说明并验证了产业结构均衡度与经济增长之间的反方向变动关系，即产业结构不均衡度越小，经济总量就越大，经济波动就越小；反之亦然。此外，就相关系数值而言，0.683 就是高度相关。

进一步进行分时段计算相关系数（见表 7-6），在 1970~1987 年和 1988~1995 年两个时间段的相关系数偏小外，1954~1968 年、1996~2018 年和 2006~2018 年这些时间段的相关系数都在 0.8 以上，表明在这 3 个时间段产业结构均衡或偏离与经济增长之间呈高度相关。在所有时间段相关系数为负数时，说明它们之间为反方向变动关系与短期产业结构优化理论一致。

表 7-6　1954~2018 年我国经济波动 5 年平均移动的相关系数验证

起止年份	时间跨度（年）	相关系数
1954~1968	15	-0.874
1970~1987	18	-0.325
1988~1995	8	-0.457
1996~2005	10	-0.932
2006~2018	13	-0.830

资料来源：1987 年、1994 年、1999 年、2001 年和 2003 年《中国统计年鉴》，国家统计局。根据相关数据计算。

对 1952~2018 年之间的产业结构变动率和经济增长率进行一元回归分析以验证产业结构均衡理论的正确性。

g 为我国经济增长率，m 代表我国产业结构变动率。我国产业结构变动与经济增长呈反方向变动。我国产业结构变动率 m 与经济增长率 g 之间成高度负相关关系，回归得出结果为：

$$g = 1.31261 - 0.23056m \qquad (7.3)$$
$$(22.29) \qquad (-3.92)$$

$$R^2 = 0.1936 \quad F = 15.36$$

上式括号中的数字是 t-统计量，回归结果并不非常严格。该式说明，我国自 1952~2018 年间产业结构均衡与经济波动反方向变动，我国产业结构均衡偏离度每增加 1 个百分点会使国民经济增长率下降 0.23056 个百分点（见图7-9），由此就论证了理论的正确性，即产业结构越不均衡，经济总量就减少的越多。

四、我国经济波动的特征

新中国成立70年来，我国经济波动总体上呈现出三个阶段：一是从新中国成立至1978年改革开放；二是1978年至20世纪末；三是进入21世纪至今。

第一阶段，经济波动频繁，振动幅度大。

第二阶段，波动仍旧频繁，但振动幅度趋缓。这一阶段的特征是：

1. 数量型的简单扩张或收缩。从改革开放至20世纪末，我国经济增长的周期性运动大多表现为总量在原有技术水平和产业结构基础上的扩张或收缩，产业结构升级不明显。周期性"峰"与"谷"仅仅表现为政府投资的资本增量扩张或收缩导致产出大波动，没有出现大规模的资本存量调整与更新。

2. 基本上独立于世界经济之外的封闭性波动。前8个周期几乎不受世界经济周期的影响。如1974～1975年、1980～1982年两次出现了世界性经济危机，很多国家受到影响，经济呈负增长。而我国同期经济增长并未明显降低，1975年增长率达到8.7%。

究其原因，一是由于1990年前我国经济开放度较低，基本上是封闭经济；二是由于我国在资源和市场方面拥有较高的自给率。但进入20世纪90年代以后，我国对外开放程度不断扩大，进出口不断增加，世界经济对我国经济的影响也越来越大。如1997年发生的亚洲金融危机，2008美国华尔街金融风暴都对我国出口产生了很大的负面冲击。在下个世纪，随着经济全球化和知识经济的来临，世界经济的动荡将对我国经济产生更大的影响。

3. 经济周期的扩张与收缩比值低于发达国家水平。我国经济周期的扩张收缩比约为1：1，低于发达国家的平均上升期与下降期比值2：1。

一般来讲，经济周期上升期的经济效益高于下降期的经济效益，这说明，我国经济发展的整体效益仍处于一种低水平。

在 1978 年经济体制改革以后的 4 次经济周期中，经济周期的扩张收缩比提高到 1.5∶1，表明在这个阶段，我国经济保持快速增长的同时，经济效益也有很大提高。但是在最后一个周期中，真正的扩张年份只有 2 年，而到目前为止，衰退或消退期已达 9 年之久，其扩张收缩比已达到 2∶9（徐海俊，2003）。如此低的扩张收缩比在当代经济增长中的确是少见的，远远低于同期的发达国家的比率。

第三阶段，经济波动频度下降，波动变为长波动。从 2000 年以来 18 年间只有两次波动，而且本次现有的波动还将继续下去。同时，波动振幅大大减缓。这反映了我国市场制度不断完善，与前期相比，我国经济的开放性更大。

五、测定经济周期的两种口径差异分析

在验证以上产业结构和经济周期之间的关系时，它们对同一经济的波动的测定还存在着很大的差异。我们对两个时间序列只进行了 3 年移动平均的简单处理，没有进一步剔除干扰因素。这些干扰因素和差异主要有以下一些：

1. 进出口变化。如果某一产业出口在某一年大幅度增加，会导致该产业 GDP 比重增加，使得该产业人均收入增加。同时出口使 GDP 总量增加，反而使其他两个产业在 GDP 中所占份额减少，导致它们的产业人均收入减少，最终整个经济的产业结构不均衡度增加，产业结构显得更不均衡，而此时的国民经济并没有减少，却是增长的。而实际上，这个国家的产业结构并没有任何变化。所以进出口额必须予以剔除。

2. 所使用的统计年鉴在统计各产业从业人员及其产业收入（GDP）口径与本书研究口径不一致。口径不一致主要原因在于产业划分不一致。本书的研究是按最终消费品划分产业，为哪一个产业生产资本品，

那么该资本品的所有经济活动，包括劳动力、收入都记入到该产业，而不是笼统地归结为制造业，全部划分到第二产业中去。其次，对最终消费品划分到哪一产业的标准是根据"收入弹性"大小而归类的。一般来说，收入弹性越大，该产品的价值就越大，同时制造技术要求越复杂。这两方面肯定大于收入弹性小的商品。显然，对于电信产品、家用电器和小麦水稻在生产技术复杂性上的大小关系不言自谕。所以说，在生产技术要求方面，第三产业高于第二产业和第一产业。而我国把服务业统统算入第三产业是不科学的。

20世纪90年代，我国产业结构进行调整，有很多下岗人员自谋职业，大都从事开小饭店等服务性行业，一方面使第三产业从业人员增加，另一方面由于这类商品本身价格较低，再加上竞争加大，价格则更低，使得这部分从业人员所创造的收入很低，结果我国统计年鉴上，第三产业的产业人均收入反而低于第二产业的产业人均收入。

3. 时间上存在滞后。由于产业需求结构变化具有易变性，速度也比产业供给结构快，所以在时间上并不一定有一致性。在时间或时间滞后期上是否一致取决于产业结构的调整，即生产要素的转移速度。转移速度越快，时间滞后期越短。

4. 经济体制与制度因素。在完善的市场经济制度中，产业结构不均衡时，产业需求结构与产业供给结构不一致，既造成实际的产业价格结构偏离了均衡的产业价格结构，又造成国民收入减少，产业之间就存在利润和亏损，促使生产要素从亏损的产业流向盈利的产业，在这种力量作用下，产业结构最终又回归均衡，经济总量恢复到最大水平。进入20世纪90年代，我国计划经济向市场经济转型，在经济活动中，市场的作用越来越大，所以它们的相关系数为 -0.79328，显得比较高。

但在计划经济中，我国要素市场不健全，要素不能随价格在产业之间流动。在劳动力方面，户籍制度限制了农民流出农业，以及劳动力在各空间地域间流动。人事制度中档案管理以及干部工人身份的确认都为劳动力的自由流动设置障碍。此外，价格不能由市场供求关系决定，是由政府物价管理部门制定，不得轻易变动，否则，要受到政府处罚。可见，在计划经济时期，产业结构与经济增长之间的纽带被斩断，产业结构的不均衡度不能反映经济波动。

1978 年政府工作重心转到经济建设，至 1990 年，我国经济制度仍是高度的计划经济体制，从而其相关系数为 0.162494，非常之低，几乎完全不能反映产业结构与经济增长之间的关系。

5. 产业结构升级。如果技术不变，资本、劳动总量的增加虽然使经济总量增加，但人均量增长不会超过均衡增长条件下的人均量。从人均量的角度来看，经济增长的永恒动力应该是技术进步。一方面，技术进步促使经济增长；另一方面，技术进步导致产业结构升级使得产业结构更不均衡。就像"进出口"影响因素一样，技术进步使得经济增长和产业结构不均衡同方向变动，因而也必须予以剔除。

6. 在统计口径上存在偏差。新中国成立以来至 1978 年实行改革开放政策，政治对经济干扰很大，各项工作不能正常开展，其间的统计数据并不具有完全的权威性。1978~1995 年，我国核算体系沿用苏联的核算体系，1995 年后才同国际接轨。前后之间存在的差异不能被忽略。而且在近几年，同一项统计数据在前后两年的统计年鉴上是不一样的。

第三节　中国经济增长与产业结构升级的验证

钱纳里等人的实证研究揭示了经济增长是生产结构转变的一个方面，在要素边际生产率不均等的非均衡发展中国家，劳动和资本从生产率较低的部门向生产率较高的部门转移，能够加速经济增长（H. Chenery，1986）。麦迪森在更长的时间序列范围内，也证明了结构变化是经济增长的一个重要的独立源泉（Angus Maddison，1996）。为了估算经济增长的结构动因，钱纳里等人从供给方面对经济增长进行因素分析。根据可计算的一般均衡模型，国内生产总值的产出增长分解为要素作用和生产率增长两方面，在计算过程中，首先分析各个部门，然后再分析整个经济。结果表明，生产率的总增长部分地依赖经济的生产结构。如果按照钱纳里的结论推测，中国自 1978 年以来，经济的高速增长应该是产业结构快速变迁的结果。

关于结构与增长的问题，在产业结构均衡时，经济沿着索洛均衡增长的路径增长，即国民收入总量增长，但人均收入保持不变。如果考虑到"劳动的有效性""知识"，以及"技术进步"（尤其是新型消费产品的出现）等方面的因素时，产业结构会升级，并与罗默的新增长理论一致，经济存在长期非均衡增长（Robert Barro，2000），总量与人均量都增长。如果产业结构不升级，经济中的人均量必定不增长；产业结构升级，经济必定增长。换言之，没有结构不升级时的人均量的经济增长，也没有经济增长下的产业结构不升级，如图 7 – 10 所示。

图 7 – 10　产业结构升级与经济增长

产业结构升级是经济的长期表现，更确切地说是指产业均衡结构的升级。当产业结构偏离度等于 0，产业结构则达到均衡，那么产业结构升级可以采取各产业的 GDP 收入比重，也可以采用各产业劳动力结构比重。显然，在实证中，虽然能测出产业结构的偏离度，但测出产业均衡结构存在巨大的困难。可以用近似估算。由于产业结构升级是经济发展的长期趋势，产业结构偏离不会影响这种长期性。因而，我们采取各产业的 GDP 收入比计量我国产业结构升级的长期趋势。

我们所使用的数据是我国 1978～2018 年三次产业的收入结构和人均生产总值。用历年的人均生产总值除以 1978 年的人均生产总值，得出以 1978 年为基期的人均生产总值指数时间序列，并再扣除居民消费价格指数，所得出的指数就是可比的人均收入增长指数。将这一指数时间序列和产业结构升级系数时间序列相对，建立二者之间的散点图，如图 7 – 11 所示。

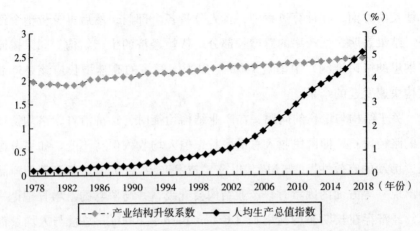

图7-11 1978～2018年我国5年移动平均的经济波动与产业结构偏离比较

资料来源：1987年、1994年、1999年、2001年、2004年、2008年、2012年、2017年和2019年《中国统计年鉴》，国家统计局。根据相关数据计算。右边纵轴标的是以1978年为基期的人均收入增长率，单位是倍数；左边标示产业结构升级，单位是系数。

1978～2018年，我国人均生产总值一直在增加，至2018年人均生产总值是1978年的25.8倍（数据见书后附录附表2）。同期我国产业结构升级系数在1978年为1.969，到2018年为2.452（数据见附录附表3）。产业结构升级与经济的人均量同方向增长。

最后，进一步利用 SPSS 软件，对我国人均收入增长率和产业结构升级系数的时间序列进行回归分析，以验证产业结构升级与经济增长的关系。将1978～2018年的产业结构升级系数 F 与人均生产总值增长指数 G 进行一元自回归得：

$$F = 2.039566 + 0.019615G \qquad (7.4)$$
$$(92.81) \qquad (12.35)$$

$$R^2 = 0.7402 \quad F = 152.48$$

括号内为 t 值，可见系数是显著的，回归结果非常严格。该式说明，我国经济增长率与产业结构升级系数中间的参数为0.019615，参数值大于0，意味着我国产业结构升级与人均经济增长呈同方向变动。我国产业结构升级系数 F 与人均生产总值增长指数 G 之间相关系数为0.7402，成高度正相关关系。由此，验证了研究所建立的长期产业结构优化理论是有效的。

第四节 美、韩等国的验证

一、经济波动与产业结构均衡偏离的验证

对于以上几点导致产业结构均衡度偏离与经济周期的验证关系不是高度显著。如果剔除这些影响，它们之间的关系应该是高度显著的。为进一步验证这种理论存在的关系，我们还引用美国和韩国的实例进行验证。与中国相比，美国在时间滞后、经济体制与制度因素、产业结构升级、统计口径偏差这几点上受干扰较少，对产业结构均衡度偏离与经济周期的关系验证应该令人满意。

我们采用美国 1990～2000 年的数据，由于数据数项不够，因而没有经过任何的数据处理，经济的波动仅仅指侠义的波动。就波动而言，1990～2000 年，根据"峰"对"峰"，美国产业结构均衡度共出现 4 次波动；同时期阶段间，根据"谷—谷"经济增长率也有 4 次波动（都包括起点，见图 7 - 12）。每次波动的时间几乎一致。而且美国产业结构不均衡度的"谷"与经济增长率的"峰"相对应的幅度也大体一致。在图 7 - 12 中这种特征应表现为：产业结构不均衡度的"谷"与经济增长率的"峰"在高度和宽度上大体一致。由图 7 - 12 上可看出二者之间 4 次相对应的"谷""峰"在高度和宽度上大体一致，没有大"峰"对小"谷"之类的异常情况出现。

同美国一样，韩国在时间滞后、经济体制与制度因素、产业结构升级、统计口径偏差这几点上受干扰也较少，对产业结构均衡度偏离与经济周期的关系验证同样令人满意。研究采用韩国 1987～1994 年的数据，由于数据数项不够，同样没有经过任何的数据处理。就波动而言，1990～1994 年，根据"峰"对"峰"，韩国产业结构均衡偏离度共出现 2 次波

动；同时期，根据"谷—谷"经济增长率也有 2 次波动（每个波动都包括起点），如图 7 - 13 所示。

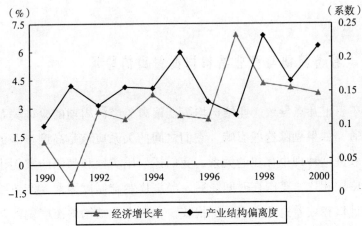

图 7 - 12　1990 ~ 2000 年美国产业结构偏离度与经济波动比较

资料来源：1998 年、2003 年世界经济统计年鉴。其中，美国从业人员比重根据按行业分类的生产法 GDP 计算。另外，右边纵轴标示产业结构偏离度；左边纵轴标示的是经济增长率。数据见附录中附表 5。

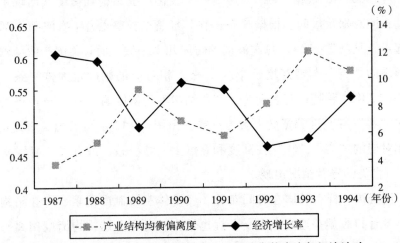

图 7 - 13　1987 ~ 1994 年韩国产业结构均衡偏离度与经济波动

资料来源：1998 年、1999 年《世界经济统计年鉴》。其中，韩国三次产业从业人员比重根据按行业分类的生产法计算 GDP。关于图 7 - 13 中，左边纵轴标示产业结构偏离度；右边纵轴标示经济增长率。

每次波动的时间几乎一致。而且韩国产业结构不均衡度的"谷"与经济增长率的"峰"相对应的幅度也大体一致。在图7－13中这种特征应表现为：产业结构不均衡度的"谷"与经济增长率的"峰"在高度和宽度上大体一致。由图7－13上可看出二者之间4次相对应的"谷""峰"在高度和宽度上大体一致，没有大"峰"对小"谷"之类的异常情况出现。而且，韩国这个时间序列数据相关系数为－0.77987，说明产业结构偏离度与经济波动是高度相关的。

以下运用简单的回归分析来研究韩国产业结构的均衡偏离与其经济波动之间的验证关系。对1987～1994年的产业结构均衡度波动度值 G_r 和经济增长率 G_y 进行一元回归分析得：

$$G_y = 26.16938 - 34.189G_r \qquad (7.5)$$
$$(4.482463)(-3.05184)$$

$$R^2 = 0.608915，Adjusted\ R^2 = 0.542895，F = 9.3134$$

式中括号中的数字是t－统计量，回归结果较为严格。该式说明，韩国自1987～1994年间产业结构均衡与经济波动反方向变动，韩国产业结构均衡偏离度每增加一单位会使国民经济增长率下降34.189个百分点（见图7－12），由此论证了书中所建立理论的正确性，即产业结构越不均衡，经济总量就减少得越多。

通过对中、美、韩三国的经验验证，也能说明产业结构均衡偏离与经济周期波动理论的有效性。进一步可以得出：产业结构均衡偏离是经济周期产生的机制，一切成因首先导致产业结构不均衡，从而产生了经济波动。其中，产业结构偏离度越大，经济总量减少的波动就越大。

二、经济增长与产业结构升级的验证

与前面一样，对韩国和美国的人均收入增长率和产业结构升级系数的时间序列分别进行回归分析，以验证产业结构升级与经济增长的理论关系的有效性。

首先，对韩国 1987～1995 年的产业结构升级系数 R 和经济增长率 y_p 进行一元回归分析得：

$$y_p = -18.0073 + 8.646969R \qquad (7.6)$$
$$(-16.1796)\ (17.96378)$$

$$R^2 = 0.978768,\ \text{Adjusted } R^2 = 0.97538,\ F = 322.6972$$

其次，对美国 1975～1995 年的产业结构升级系数 R 和经济增长率 y_p 进行一元回归分析得：

$$y_p = -5108.57 + 20.05879R \qquad (7.7)$$
$$(-14.8833)\ (15.51006)$$

$$R^2 = 0.9768,\ \text{Adjusted } R^2 = 0.922947,\ F = 240.5621$$

式中括号中的数字是 t - 统计量，回归结果非常严格。

以上两式分别说明，韩国 1987～1995 年、美国 1975～1995 年，两国的产业结构升级与经济增长都是同方向变动，证明产业结构升级与经济增长同方向变动，即产业结构升级，则经济增长。其中，韩国产业结构升级每增加 1 个百分点会使国民经济人均收入增长率增加 8.65 个百分点（见图 7 - 14）；美国产业结构升级每增加 1 个百分点会使国民经济人均收入增长率增加 20 个百分点（见图 7 - 15）。

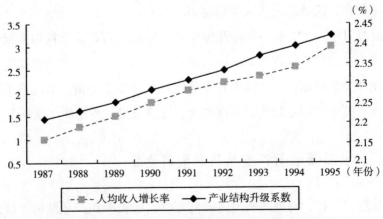

图 7 - 14 1987～1995 年韩国产业结构升级与经济增长

资料来源：1998 年《世界经济统计年鉴》，国家统计局。左边纵轴标示产业结构升级；右边标示增长率。

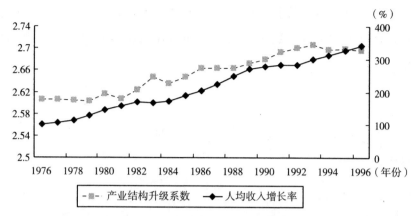

图 7 – 15　1976～1996 年美国产业结构升级与经济增长

资料来源：1998 年《世界经济统计年鉴》，国家统计局。左边纵轴标示产业结构升级；右边标示增长率。

通过对中、美、韩三国的经验验证，由此就论证了产业结构理论研究中长期产业结构优化理论的正确性，即产业结构升级是经济人均量增长的机制，产业结构升级，经济总量和人均收入都增长。

三、世界多国长期产业结构优化的验证

上文通过使用中、美、韩三国的相关数据对产业结构优化理论进行了有效性验证。在此，我们还可以进一步地对世界其他国家美国、法国、英国、德国、日本、韩国、俄罗斯、中国和印度的产业结构优化状况进行分析。

（一）产业结构偏离

从图 7 – 16 上来看，1991～2015 年，韩、俄两国以及美、法、英、德、日等西方发达国家的产业结构均衡偏离度系数有两个显著的特征：一是产业结构均衡偏离度小，基本在 0.2～0.42，美国最低，接近 0.2；二是产业结构均衡偏离度基本较为稳定。这些情况说明西方发达国家市场制度较为完善，市场对供求的调节功能健全。与西方发达国家相比，作为金砖国家的中国和印度的产业结构均衡偏离度要

高很多,同时还有个值得注意的现象就是:中、印两国的产业结构偏度一直在显著地下降。这些现象与这两国作为世界新兴金砖国家的地位相吻合。

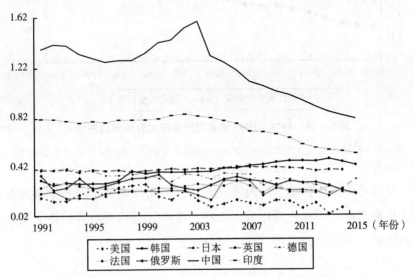

图 7 – 16　1991～2015 年世界主要国家的产业结构偏离

资料来源:EPS 数据平台。网址:http://olap.epsnet.com.cn。

(二) 产业结构升级

从图 7 – 17 上来看,自 1991 年来,所有这些国家的产业结构都在升级,反映了随着科学技术的进步,全球经济一体化进程的加快,世界经济总体增长的趋势。

首先,从产业结构的高度来看,这些国家的产业结构高度明显分为三个层次。

第一个层次是美、法、英、德和日。除意大利未列入外,西方七国中六国的产业结构系数从 20 世纪 80 年代以来陆续达到 2.6 以上,进入了"后工业化"经济时代。在这个层次中的内部又明显分为两个层次,美、法和英等三国的产业结构高度最高,德、日紧随其后。

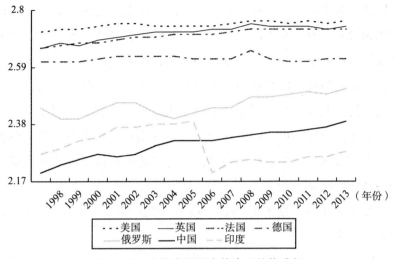

图 7 - 17　世界主要国家的产业结构升级

资料来源：EPS 数据平台。网址：http：//olap. epsnet. com. cn。计算结构见附录附表 15。

第二个层次是韩、俄两国。其中，韩国是一个新兴的工业化国家，其经济水平低于西方七国，但高于中国和印度。这种态势在产业结构的高度上也是如此，二者是相吻合的。对于俄罗斯，该国经济显得较为特殊，对外开放度、市场化程度均都不高。

第三个层次是中国和印度。中国和印度是世界上最大的发展中国家，其经济水平要低于以上那些国家，而其产业结构的高度也都低于这些国家，都不到 2. 4。从经济水平上来看，这些国家也呈现这三个层次，与产业结构高度层次一致。

其次。从产业结构升级的速度上来看，中国和印度要明显快于其他国家，主要原因之一是世界经济一体化，国际贸易带来了垂直分工，世界制造业转移，使中、印的工业化进程加快。

最后，从产业结构升级的稳定性来看，中、俄、印的波动最大。由于以产业收入结构计算的产业结构升级系数含有价格，也就是说要受到价格波动的扰动。价格波动反映了两点，一是市场不完善，二是受国际贸易的干扰。

显然，西方国家的市场完善程度要高，那么它们的产业结构升级系数就较为稳定。原因在于两个方面：一是国际贸易产生了分工，产业结构高度低的国家处于世界垂直分工的低端，而低端的分工在世界范围内具有很大的竞争性，使其价格易于波动。出于分工顶部的国家，其产品具有很强的垄断性，其价格也就不易变动。二是西方市场制度完善。这使得西方国家市场对供求均衡的稳定或不均衡的收敛能力很强，使供求始终处于均衡状态，那么价格也就保持为稳定的均衡价格，从而减少了对产业结构升级系数的干扰。

在苏联解体时，政治的动荡使俄罗斯的产业结构系数 1991～1995 年的波动较大。

中国的产业结构系数波动较为明显，一方面市场不完善导致价格波动大；另一方面二元经济现象很严重，农业和非农产业间的价格偏离，又使得中国的产业结构升级系数偏高，从这点上来说，我国实际的产业结构升级水平还要更低。但是到 2000 年随着中国社会主义市场制度的完善，我国产业结构波动明显趋缓，产业结构升级加速，在 2006 年超越印度。

第八章

中国产业结构优化的简单实证

第一节　产业结构优化的路径

我国产业结构均衡偏离度很大，产业结构高度低于西方发达国家的水平，究其原因，我国理论界对此探讨很多，并提出了很多观点。代表性的有：基础薄弱与急于求成指导思想下的战略失误。我国国情具有独特性，一是半殖民地半封建的旧中国，长期遭受帝国主义列强的瓜分，埋下了产业结构偏差的烙印；二是我国人口和劳动力总量大（孙合珍，2001）。归结为历史原因，采取了不正确的产业政策，使我国产业结构经历了两次人为的超前转换。政府干预的影响、产业政策的影响和客观经济政策的影响，以及地区性倾斜政策加剧了产业结构不合理的程度。体制性问题的制约，计划体制的非效率化与政府优选能力不足。外商投资的结构性倾斜加大了我国三次产业的结构偏差。投资结构的不合理，使研究者认为市场引导投资与资产占有方式发生错位，使市场引导投资或阻力重重，或者步入歧途，其后果是导致投资结构中的微观构成重复化和微量化。改革中强调市场调节作用与地方经济权利的增强发生错位，结果使地方经济权利违背社会化大生产的要求，致力于搞"自成一体"的工业体系。

国内学者所提出的这些成因都是我国产业结构存在问题的原因。但问题是所有这些原因之间不可能是并立关系，也不可能都独立地直接影响并导致我国产业结构不均衡。其中，有的是独立地直接影响，有的是伴生于其他原因，有的是偶然随机性的，有的起传导中间作用……这些原因之间以何种联系和方式影响我国产业结构？最为重要的是根本原因是什么？倒下的多米诺骨牌中，谁是倒下的第一张？笔者认为要解决这些问题，应回到产业结构优化的理论中去。

一、产业结构优化的决定因素分析

（一）研究产业结构均衡问题就是研究劳动力转移

产业结构均衡条件三次产业的产业人均收入都相等是建立在均衡式最优条件的基础之上，要求各产业的劳动边际效用相等，即每个产业单位劳动力所创造的效用相同。

$$\lambda^* = \frac{u'(q_{1i}^d)}{\frac{1}{q_1}} = \frac{u'(q_{2i}^d)}{\frac{1}{q_2}} = \frac{u'(q_{3i}^d)}{\frac{1}{q_3}} \tag{8.1}$$

如果各产业的劳动边际效用不相等，产业结构则不均衡，其原因为三大方面：劳动力供求结构不一致，使产业供求结构不一致；技术进步（包括生产技术进步和新产品的出现）；外生影响。但是产业结构均衡可依赖路径只有一条：劳动力转移。到底什么原因导致产业结构不均衡并不十分重要，重要的是产业结构如何从不均衡恢复均衡。劳动力转移才是产业结构均衡的核心问题。劳动力不能转移，产业结构无法实现均衡。所以研究产业结构均衡问题就落实到研究劳动力转移的问题上，即劳动力不能转移的原因是什么；劳动力又如何转移。

对于我国，劳动力转移的问题主要是第一产业的劳动力向其他产业转移的问题（麦伟，2003）。第一产业的产业人均收入小于第二、第三产业的产业人均收入，则存在：

$$\frac{u'(q_{1i}^{d})}{\frac{1}{q_1}} < \lambda^* \tag{8.2}$$

由于生产技术既定不变，那么以上不等式则意味着第一产业产品消费的边际效用小于均衡条件下的边际效用。这种状况表明第一产业产品相对过剩。换言之，第一产业劳动力相对更多，产业供给结构与产业需求结构不一致。由此得出，产业结构不均衡必然是劳动力结构不均衡，必须进行劳动力转移才能实现产业结构的均衡状态。

（二）研究产业结构升级问题就是研究技术进步

技术进步对产业结构作用主要体现为，新兴生产的出现和落后生产的淘汰，从而引起产业结构升级。人类历史上，不同特征的科技进步导致不同的产业结构变迁。历史上前两次科技革命和随后的两次产业革命，使世界形成了以制造业为中心的工业经济体系，产业结构逐渐呈现"高技术化"，人类社会步入了工业化时代。第三次科技革命和产业革命——信息革命，使世界经济体系由以制造业为中心逐步向以服务业为中心转移，人类社会开始表现出"后工业社会"的特征。

目前，正在扩散中的第四次科技革命，即新技术革命，正引起美国等西方发达国家产业结构的又一次根本性转型，美国形成了以新技术服务业为中心的经济体系，进入后工业社会的高级阶段。这次科技革命，由于计算机和互联网技术自身的特点，降低了技术积累的要求，使得涉及的产业链很大，分解出的新行业很多，并且渗透和融合到国民经济的各个部门包括传统工业，改变着生产经营的组织形式。从而区别于历次科技革命对制造业的促进，这次科技革命具有更大的波及性、普遍性和工具性，使得服务、金融、贸易等服务性产业链得到了极大的扩张。

产业结构升级使产业均衡条件下的人均量增加。不论哪一个产业技术进步，都会导致产业结构升级。技术进步分为生产技术进步和新产品的出现。任何一个产业的生产技术进步，由产业结构升级的均衡式可得产业产品供给增加，导致该产业的劳动力发生转移，其他产业劳动力增加使它们的产业产品量也增加，最终经济总量、人均量增加。某一产业出现新产品就会使该产业的劳动边际效用变大、需求增加、价格上升，产业存在利润，吸引劳动力流入，该产业供给增加，所占比重增加，经济总量，人均量也得以增加。劳动力流出某一个产业，在该产业减少的劳动边际效用要小于进入另外一个产业所增加的劳动边际效用，净效用增加，这也是劳动力为什么流动的理论依据。

（三）制度因素是影响产业结构优化的外生性原因

无论是市场调节还是政府调节，从产业结构调整内容看，它们都涉及如下具体制度：（1）从产业结构变动的因素分析，产业结构调整制度包括资本配置制度、劳动力配置、制度技术研究和应用制度；（2）从产业结构变动的载体分析，涉及产业组织制度、产业运作制度、产业分化制度和产业重组制度；（3）从产业部门管理分析，涉及公共管理制度、产业内部协调制度和企业治理制度；（4）从再生产关系分析，涉及产业产品生产制度、产品分配制度、产品交换制度和产品消费制度。

正是由于在这些方面的产权关系上的基本权利和义务在微观行为主体与政府之间匹配与约束的结构差异，构成了截然不同的经济体制，以至形成不同的产业结构调整制度。在政府调节的经济制度下，权利与义务集中于或相对集中于政府的制度安排，产业结构调整取决于政府的行为。在计划经济体制下，产业结构的调整完全依赖于政府尤其是中央政府的行政命令和计划手段；生产单位缺乏独立的行为主体地位，既不拥有相应的产业进退权力，也不承担产业的成本—效益责任，而只承担执行行政命令的义务。在市场经济制度下，权利与义务集中于或相对集中于微观行为主体的制度安排，产业结构调整取决于微观主体的行为。在市场经济体制下，产权明晰、行为自主的生产单位，按照市场价格信号，依据契约化的行为方式，追求自身目标最大化，并相互平等竞争，优胜劣汰。经济资源随着价格的变化而重新配置，由此产业结构实现优化（周冯琦，2003）。

二、产业结构优化的政策选择

产业结构优化分短期产业结构优化和长期产业结构优化。二者优化的机制并不相同，因而实现产业结构优化的政策也有所不同，需要加以区别对待，不可混为一谈。

（一）封闭经济条件下，产业结构优化的政策选择

1. 短期产业结构优化的路径。当经济处在短期产业结构优化时，既定的资源能够实现最大的经济福利，国民收入达到最大。国民收入减少，经济缺乏效率。

如果产业结构偏离了均衡状态，那么相对于均衡产业结构式（4.28），必定有一种产品产量大于其均衡产量，从而存在相对过剩问题，同时，另外一种产品产量存在相对不足问题，由此导致产业价格结构偏离均衡价格结构。相对过剩的产业价格下降，低于均衡价格。由于在产业结构均衡时产业间利润为0，因此相对过剩的产业存在亏损。相对不足的产业价格上升，高于均衡价格，因此产业存在利润。

由于产业结构偏离均衡状态，产业之间存在利润和亏损的差别，在微观主体追求利润目标的驱使下，要素就会从亏损的产业流入有利润的产业，使得相对不足的产品产量增加，价格下降，利润减少，直到为0；而对于相对过剩的产品，产量减少，价格增加，亏损减少，直至为0，最终产业结构达到均衡状态。

从实现短期产业结构优化的机制来看，需要市场发挥对供求的调节功能，产业结构会自动回到均衡状态，从而达到短期产业结构优化，因而需要市场要充分有效，至少要保证市场是完全竞争的。虽说如此，但是短期产业结构优化的关键还在于市场功能是否健全有效。

首先，一个充分有效的市场需要具备这样的功能：在产业结构偏离时，能否及时准确发出价格偏离信号，以便于产业中各厂商及时准确地

调整产品产量。当然在产业结构趋向均衡状态时，也是如此。

其次，产业结构均衡需要市场是完全竞争的。如果市场不是充分竞争的，那么发出的价格信号被扭曲，不能真实反映产品和要素的供求状况；即使产业间存在利润和亏损，但由于垄断性因素存在壁垒，因而要素不能自由流动，产业结构无法回到均衡状态，短期产业结构优化就不能实现。

再次，要有效地补充市场失灵。针对自然垄断、公共物品提供、专利保护以及外部性等此类的市场失灵国家可以通过立法，或政府规制理论有效的解决。

最后，要素本身的问题。西方有谚语说："即使你可以把马牵到水边，但是你不能让马饮水。"市场充分竞争、功能健全，并不意味着短期产业结构优化就一定能达到。短期产业结构优化的实现依赖于要素需要，从有亏损产业要流动到有利润的产业中去。不同产业生产的产品不同，因而所需要的资本品和劳动力所掌握的生产技能都是异质的。作为货币化形式存在的价值性资本是无差异的，在完全竞争市场中能迅速进行转移。对于物化的资本品，其中的通用型资本品是可以像价值化资本一样能迅速转移，对于专用型资本品虽然不能迅速转移，但可以封存、沉没或者作为废品加以处理。可见在实现短期产业结构优化过程中，资本本身的流动不存在障碍。就劳动力要素而言，不同产业的生产对劳动力的生产技能要求是不一样的。劳动力在不同产业之间的移动就意味着：劳动力要抛弃原有掌握的生产技能，需要掌握新的生产技能。抛弃容易，而掌握新技能却很难，它需要有传授人、平台、渠道和资金等不同主体的共同参与，此外，学习新的技能还要求接受者要有一定的接受能力，这些环节缺一不可。相比资本的转移，劳动力转移显得更为复杂，所以劳动力的新技能培训是劳动力转移，也是产业结构均衡的一个关键所在。

2. 长期产业结构优化的路径。从总量来说，经济增长需要人口增加；从人均量来说，需要技术进步。因此，长期产业结构升级的政策就是要保证人口增加和技术进步。从产业结构均衡式（5.21）可知，无论是总量的增加还是人均量的增加，人口增加或者是技术进步都会导致原有的产业结构均衡被打破。可见，除了人口增加和技术进步外，产业结构升级还是囊括了产业结构均衡的短期产业结构优化的因素。

（二）开发经济条件下，产业结构优化的政策选择

"市场有效"既是经济学理论的一个论断，也是很多经济学理论的前提。作为一个系统，从体制来说，经济系统绝对不是一个完全封闭的体系，要发挥它的功能还是依赖于经济所处的环境，这就是通常意义上说得是经济学离不开一定的前提假定，例如理性人假定，政府需要做好"守夜人"。

在封闭经济条件下，政府可采取法律、政策，产业政策规制等政府行为消除外部不利环境的影响，减少对经济运行的干扰，以保证"市场有效"。

在开放经济条件下，本国政府就不可能在国际上采取立法、政府管理为本国创造稳定的外部环境。在当前，世界经济一体化背景下，要想参与全球经济一体化，就必须面对更加复杂、甚至不可控的种种外部险恶、不利因素。虽然世贸组织在很多情况下能发挥一定的作用，但是一旦西方国家尤其是美国的利益得不到保证时，世贸组织的作用就不能发挥出来，甚至反转。可见世界经济存在，但世界市场经济却不存在。

在开发经济条件下，如何参与世界经济，并减少外部不良影响，最根本的对策是提升本国的综合国力。单纯经济发达并不能保证本国在国际环境下的应有的利益。综合国力是军事、科技、文化和经济的均衡平衡下的综合，而不是某一方面数值的大小。而且综合国力的大小就是通过简单的规模大小来表现的。

虽然国际环境复杂、多变和凶险，但对于中国坚持改革开放，积极参与世界经济一体化进程是永远的发展方向。

第二节　我国产业结构优化的态势分析

一、我国产业结构均衡存在的问题

从总体上来看，自 1990～2018 年以来，我国产业结构均衡偏离度系数一直在下降，2018 年仅为 0.875。

从图 8-1 中可以看出，自 1952 年以来，第一产业劳动力所占的比重下降递减，第二、第三产业劳动力比重都是递增的。只有一直到从 1994 年起第三产业劳动力比重才超过第二产业劳动力比重。从收入结构来看，第一产业收入比重总体趋势值是下降的，第二、第三产业收入比重都是上升的，但是第二产业的 GDP 比重始终大于第三产业的 GDP 比重，而且递增的速度也大于第三产业的递增速度。从这点来看，我国经济仍处在工业化进程中。结合中国多年来的产业结构调整，我国三次产业的劳动力，收入变动与配第一克拉克定理是相吻合的。

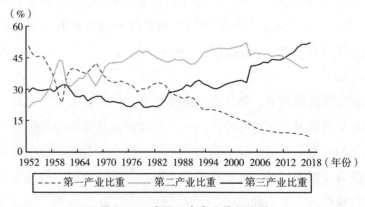

图 8-1　我国三次产业收入比重

资料来源：1987 年、1994 年、1999 年、2001 年、2004 年、2008 年、2012 年、2017 年和 2019 年《中国统计年鉴》，国家统计局。根据相关数据计算。

从各产业劳动力比重来看（见图8－2），第三产业劳动力比重上升，而第一、第二产业劳动力比重在下降。2000年以来，中国第一产业劳动力比重降到10%以下，而且每年下降趋势显著，这说明我国产业结构升级在加快，另一方面说明，我国在农业人口向其他产业转移的制度约束已被打破。

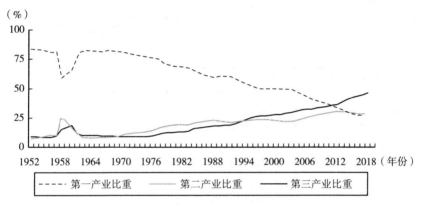

图8－2　我国三次劳动力比重

资料来源：1987年、1994年、1999年、2001年、2004年、2008年、2012年、2017年和2019年《中国统计年鉴》，国家统计局。根据相关数据计算。

从各产业的产业相对人均收入来看（见图8－3），只有第一产业的产业相对人均收入小于1，第一产业有亏损，这表明：与均衡条件下的产业结构相比，只有第一产业产品供给相对过剩，价格下降。第二产业、第三产业的产业相对人均收入都大于第一产业，且都大于1，说明：第二、第三产业存在利润，那么就意味着第二、第三产业产品供给相对不足，价格高于产业结构均衡时的均衡价格。其中，第二产业利润最大。这也进一步说明我国经济确实处在工业化进程中。从长期趋势上来看，第一产业的产业相对人均收入，在0.5%左右徘徊。从2000～2003年，我国第一产业从业人员比重都是50%，可以说转移是停滞的，同时也表明我国农业长期亏损。这些与我国农业长期存在严重的"三农"实际状况是吻合的。

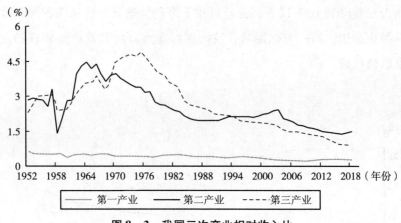

图 8 - 3　我国三次产业相对收入比

资料来源：1987 年、1994 年、1999 年、2001 年、2004 年、2008 年、2012 年、2017 年和 2019 年《中国统计年鉴》，国家统计局。根据相关数据计算。

到了 2000 年以后，对于第二，第三产业的产业相对人均收入是递减的，趋向于 1，这也表明了中国产业结构均衡度在增加。但近年第二产业的产业收入比有增加的趋势。第一产业收入仍然处于低位，但是要考虑到取消农业税对农业进行财政补贴后，农业收入仍能够得到一定的保障，在这一阶段"三农问题"中的农民收入问题得到一定的缓解，但是我国农业问题依旧严峻。

二、我国产业结构升级的趋势

就长期趋势而言，产业的收入结构升级和劳动力结构升级都能代表产业结构升级的长期趋势。1952 ~ 2018 年，我国二者的相关系数为 0.955794，为高度相关。它们之间的距离代表产业结构偏离度，距离越大，这表明产业结构的均衡偏离度就越大。很显然，我国收入结构升级和劳动力结构升级之间的距离非常大，而美国 1990 ~ 2002 年收入结构升级和劳动力结构升级之间的距离很小，这表明美国的产业结构均衡偏离度要小于我国。

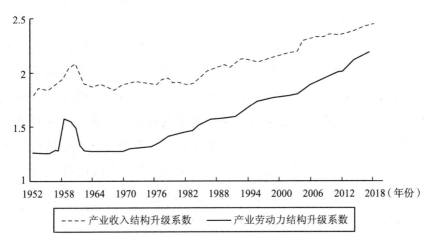

图 8 - 4　以收入结构和劳动力结构分别计算的产业结构升级

资料来源：1987 年、1994 年、1999 年、2001 年、2004 年、2008 年、2012 年、2017 年和 2019 年《中国统计年鉴》，国家统计局。根据相关数据计算。

在 1957～1960 年，我国产业结构升级速度很快，但这是"大跃进"时期的产物，非市场经济正常发展的必然结果。"大跃进"后，产业结构层级又回落下来。在 20 世纪 90 年代以前，我国产业的收入结构和劳动力结构升级的速度几乎一致，说明需求不能发挥对供给的牵制作用，经济是供给型的。进入 20 世纪 90 年代以后，随着经济制度的各项改革，市场在经济中的作用不断强化。经济成为需求型，代表需求的产业收入结构在不断升级。与产业收入结构升级相比，代表产业供给的劳动力结构升级缓慢。

在 2005 年前，我国第一产业的劳动力比重一直是 50%，表明我国第一产业劳动力向其他产业转移不足。虽然我国产业结构升级是向上的，但升级速度非常缓慢，从而使我国总体的产业结构层次级别很低。到 1985 年，我国收入结构的产业结构级别系数为 2.001；而到 2002 年，我国劳动力结构的产业结构级别系数为 1.786，还未达到工业化最低系数 2。表明就生产能力来说，我国经济还不是真正意义上的工业经济。我国整体产业结构级别水平较低，说明我国经济还不是一个工业化经济，产业生产能力低下。

与美国相比，在 2000 年，美国产业收入结构升级系数为 2.719，产业劳动力结构升级系数为 2.7132。考虑到产业结构升级系数上限是 3，那么，表明美国经济已超越工业化，进入后工业化的信息经济或是知识经济时代。其特征是第一、第二产业的劳动力比重、收入比重不但下降，而且全面低于第三产业。相比起来，我国经济产业结构与美国不是一个层次，这种差距的结果导致两国的人均国民收入之间很大。直到 2011 年以劳动力结构计算的产业结构升级系数超过了 2.0，为 2.009。这表明我国经济才完全实现了工业化。从整体来看，我国产业结构一直进行着升级，而且以劳动力结构计算的产业结构升级系数和以收入结构计算的产业结构升级系数之间的差距越来越小，这也表明我国产业结构偏离度越来越小，体现了我国社会主义市场制度愈益完善，能够及时准确反映供求状况，并对供求的调整功能越来越强大。

第三节　我国产业结构转换的回顾

与产业结构转换的一般规律相异，中国的产业结构转换是政府行为，而不是市场化行为。在工业化过程中，由于指导思想、发展战略和体制方面的失误，产业结构曾发生过若干次大的超前转换。

一、第一次产业结构转换

第一次产业结构转换是在 20 世纪 50 年代至 20 世纪 60 年代末。

在"一五""重型化"时期，当时全国勒紧裤带全力支持"抗美援朝，保家卫国"，轻纺工业还未发展，我国推行了"优先发展重工业、化学工业"的方针，以钢铁工业为中心的重工业超前发展，使我国经济比例关系恶化，导致了20世纪60年代初的经济结构调整。产业结构的"重工、重化"有一个重要前提，至少需要农业、轻工业发展为基础，其产品能够支持重、化学工业发展所必需的高积累要求。而中国的"重型化"是在长期战争创伤远未恢复，社会生产力水平很低，尚停留在人力、畜力为主要动力，温饱问题还没解决的情况下发动的。

"二五"和"大跃进"时期又进一步强化了这一态势。重工业、化学工业的经济、技术特点决定这类产业一经启动就需要不断地扩大再生产，不断地进行固定资产更新，不断地提高规模经济起点，不断地以较大增量提供追加投入。这一超前转换的结构形态成为国民经济中积累与消费、生产与生活之间关系长期紧张的基本原因之一。尽管在20世纪80年代初期的调整过程中，这一趋势有所扭转，但其"后遗症"到现在仍然存在。可以说，在以后的发展过程中未能长期、持续地提供充足的扩大再生产资金投入，是"九五"期间重工业领域许多20世纪50年代建立的大型国有企业面临设备陈旧、达不到规模经济要求、资金紧张，以及负债率过高等困境的重要原因。尽管困难重重，新中国仍然建成了世界第十位的工业基础（任继周等，2019），为大规模的工业化直至后来改革开放的经济快速发展打下了坚实的基础。

二、第二次结构超前转换

第二次结构超前转换是20世纪60年代末到1978年。自20世纪60年代后期的"三线建设"开始以来，产业结构转换是以牺牲农业和轻工业来实现的，导致了农业与工业以及工业内部的不协调。主要表现为"高加工度化"超前（谢炳超，1999）。在材料、动力等基础工业还没有得到充分发展且相对萎缩的情况下，以机械工业包括军事工业为代表的加工工业持续高速发展，跨越了以原材料、动力等基础工业为中心的工业化阶段，超前进入了高加工度的工业化阶段。这次超前转换不但加剧了第一次转换造成的重工业对轻工业和农业结构失调，而且在重工业内部形成了加工业与材料、能源、动力业之间生产能力的失调。

20 世纪 70 年代末，中国机械加工能力严重超过钢材等原材料供应能力，造成加工能力严重过剩，以至于 20 世纪 80 年代初，能源、原材料产业成为制约国民经济发展的"瓶颈"。然而，所发展的机械加工能力主要集中于粗加工阶段，集中于"大而全、小而全"的企业，是一种低质量的"高加工度化"。生产能力分布未服从机械工业高度专业化分工的特点，不能体现规模经济要求。

20 世纪 80 年代后期，另一个产业结构问题又突出起来。这就是由于加工工业增长过快，基础产业和基础设施建设严重滞后。能源工业在全部工业总产值中的比重从 1978 年的 14.1% 下降到 1988 年的 9%；重工业中，原材料工业同加工工业之比从 1978 年的 1：0.96 下降到 1988 年的 1：1.67。许多加工企业缺电、缺煤、缺油、缺钢材，交通运输越来越紧张，通信设施远不能满足生产和生活的需要。由于基础产业和基础设施存在严重"瓶颈"，全国加工业有很大一部分生产能力被闲置。

三、第三次超前转换

第三次超前转换发生在 20 世纪 80 年代中后期（孙建娥，2003）。整个 20 世纪 80 年代，经济增长的重心向轻工业倾斜，轻工业的增长速度快于重工业。到 1990 年，轻工业的比重提高到 49.4%，重工业的比重下降到 50.6%。到 20 世纪 90 年代初，轻、重工业比例失调的矛盾基本解决，市场供应大大增加，人民生活水平明显提高。在工业化一般过程中，机械、化工等产业的前期发展任务主要是提供生产资料，在工业化后期将会转向新型耐用消费品生产。产业结构的这种变化表现为一种内涵变化。由于在改革开放过程中人民群众收入迅速提高，在需求拉动下，从"七五"时期起的一段时间内，在生产手段彻底改造的任务远未完成之前，中国的产业结构就超前地启动了向耐用消费品倾斜的内涵转换。新增投入的相当部分被用于洗衣机、电冰箱以及摩托车等耐用消费品生产，并由此引发了严重的重复建设、重复引进和区域产业结构趋同化趋势。一些不具备条件而盲目上马的项目，陆续成为区域经济的新包袱。在后来的发展过程中，由于竞争机制的引入，这类产业跨地区兼并和生产能力最强、最有效率的企业所获市场份额不断增加的趋势日渐明显。

四、20 世纪 90 年代后至 20 世纪末期

进入 20 世纪 90 年代以来，中国产业结构优化面临的体制环境发生了根本变化，社会主义市场经济体制逐步建立，供求局势转向买方市场。这一阶段产业结构主要有以下几个方面特征：

一是以信息革命为标志的新技术革命催生了知识经济的产生和快速发展。在此期间，我国产业结构升级的主体是传统制造业，基础设施和基础产业、家电产品等，工业高速增长，农业比重下降明显。

二是重工业加速发展。20 世纪 90 年代中后期，传统消费品工业的改造升级促使设备投资大量增加，使得能源、交通、原材料等领域对装备工业需求剧增，导致了基础产业基础设施和加工工业的结构失衡。为此，国家加强了对基础产业和基础设施的投资，并采取了一系列优惠政策，促使基础产业和基础设施加快发展，尤其对能源、交通、通信等"瓶颈"产业加大了投资强度。"八五"期间能源生产逐年加快，能源、运输、邮电等供应情况也大为改善。1993～1995 年各行业占全国工业的比重增幅最大的 6 个行业是：电力、石油和天然气开采业、电子及通信设备制造业、石油加工及炼焦业、煤炭采选业、化学原料及制品制造业。这 6 个行业基本上都属于基础产业。

三是随着我国加入世贸组织，外向型经济的格局基本形成。它一方面要充分利用国际市场，大量出口本国的商品和劳务；另一方面要充分利用国外的资金和资源，进口各种生产设备和原材料，引进各种先进的科学技术管理和经验。

在这一阶段，生产方式主要是劳动密集型，技术含量较低，高投入、高消耗、高污染和低效率为特征的粗放型经济增长方式。如果说在改革开放前，建国初期的工业化是政府推动、重点发展的，那么这一时期的生产方式为我国快速全民、全面进入工业化积累了技术、资金和现代企业管理经验打下了基础。

五、进入新世纪

经过几十年的积累，中国已建成了体系完整、产能巨大的工业体系，成为世界制造业第一大国和全球第二大经济体。当前，我国经济已由高速增长阶段转向高质量发展阶段。政府提出了走新型工业化道路的思路，推进深度工业化，推动我国工业化向更高水平迈进，既重视提升优势产业，也重视改造传统产业。抓住传统产业加速向发展中国家转移的机遇，用高新技术产业改造传统产业。

除了在传统工业化取得了巨大成就外，中国在新兴的信息技术方面也进步迅速。中国对技术升级和自主创新更加重视。政府积极出台政策引导和支持企业引进先进技术及自主创新，着力加快推动信息领域核心技术突破，加快信息基础设施优化升级，大力推进数字经济发展。"十二五"规划中明确了战略新兴产业是国家未来重点扶持的对象，其中信息技术被确立为七大战略性新兴产业之一，将被重点推进。目前，中国5G技术基本成熟，并领先于世界。这也标志了中国在产业结构升级方面已达到了一个新的高度。

第四节　我国产业结构优化的政策建议

一、确定我国产业结构优化的战略目标

从国民经济发展的全局出发，研究产业结构优化的战略目标应该包括四个方面：功能目标、成长目标、地位目标和环保目标。具体表现为：

（1）功能齐全。它要求我国产业结构完整，全面协调发展，能够充分满足全国人民在结构和总量上的消费需求。此外，还要求产业结构均衡的稳定性强，以及要求从不均衡到均衡的产业结构收敛性强、速度快。

（2）成长健康。它是指在长期，产业结构能够稳定升级。进一步地说，它是指产业发展对整个国家的经济和社会发展的贡献大小，产业发展速度是否较高且稳定，产业结构是否向合理化和高速化发展，产业组织是否不断地完善并保持活力，以及产业技术进步等。

（3）地位重要。我国产业应在世界经济占据重要地位。在世界经济一体化进程中，我国产业结构升级应处于世界垂直分工的顶端。

（4）可持续发展。经济发展要以人为本，既能满足当代人的需要，又不损害后代满足自己需要的能力的发展。其核心是人类的经济和社会发展不能超越资源与环境的承受能力，使经济社会能持续发展。

（5）全面均衡发展。对于中国把新兴产业作为主导产业来发展，但并不意味着放弃其他产业的发展，既是经济增长的需要，也是国家战略安全的需要。

二、正确认识与发挥政府对产业结构优化的作用

为满足特定经济发展目标的要求，各国都日益重视产业结构转换过

程中的政府作用。产业结构已成为经济政策的主要输入点和主要干预对象。实践表明，政府及其经济政策在产业结构转换过程中的作用主要体现在五个方面：

一是为摆脱既有国际分工格局下的不利地位，实现经济赶超，对战略重点产业实行政策倾斜。

二是为振兴民族经济，提高资源利用效益和国民福利水平，对国民经济有重要影响的产业实行促进内涵改造的政策。

三是为了应付资源成本迅速上升的压力和避免传统工业化阶段基础产业对环境的影响，采取政府补贴淘汰、强制限产，鼓励资本向高附加值产业转移的政策，如在20世纪70年代"石油危机"中，发达国家普遍采用的结构调整政策。

四是为协调结构转换过程中的社会经济关系，采取对衰退产业的固定资产"政府收购"，以帮助资本从实物形态的束缚下尽快解脱出来的政策，对本国劳动密集型产业的保护政策，以及维持就业水平的政策等。如日本在20世纪70年代采取的"衰退产业临时措施法"，美国在20世纪90年代采取的以"反倾销"为借口的新贸易保护政策，都具有这种性质（袁春晖，2002）。

五是为了在新一轮国际竞争中占据更有利的分工领域，尽快完成产业结构向"技术密集化"方向的调整，对高新技术产业给予特别扶持的政策。当前在发达国家，政府普遍加强了对产业结构转换的干预。美国在国际上不断以"知识产权"为借口，动辄要对其他国家实行"经济制裁"，其经济本质是政府直接出面为本国高新技术产业发展"开道"。在市场经济条件下，政府主要通过上述影响资源配置过程的政策对产业结构转换产生作用。

三、从制度上保障我国产业结构优化

纵观新中国的产业结构升级过程，我国不同经济发展阶段的产业结构都带有不同时期制度安排的痕迹。随着计划经济体制向社会主义市场经济体制的逐步转轨，市场经济的有效运行有利于三次产业结构偏差的较快调整，因而有力地推进了产业结构由原来严重倾斜重工业的不合理状态向合理化方向转变。但这并不意味着我国产业结构升级已不存在障碍，只不过目前我国产业结构升级面临的问题不再是短缺经济造成的"瓶颈"制约，而是结构性偏差。打破要素流动受阻的各种制度性、机制性、区域性障碍，鼓励人口迁移、企业并购、资金顺畅进入，降低区域、行业尤其是各种行政垄断、自然垄断性行业的进入壁垒。这些市场化改革举措是推动要素流动、产业结构变迁、经济增长的关键变量。

总之，如果中国经济要想持续增长，在资源的约束越发刚性的条件下，必须提高资源的再配置效应，从而向产业结构升级的继续高度化发展，并获得产业政策的动态效率（Nicola Acocella，1998）。为此，需要进一步进行制度创新，以推动产业结构升级。

（1）使地方政府的职能权限制度化，遏制地区利益恶性膨胀导致的结构偏差，减少政府政策对产业结构优化的干扰。

一是严格界定中央与地方之间财权与事权界限，建立中央与地方之间的利益补偿和分享的制度安排，协调中央政府与地方政府的利益关系。加快中央与地方政府之间利益关系协调的立法工作，以法律形式明确中央和地方政府宏观调控的权限，对地方政府的职责、事权和调控权做出明确规定。

二是加快以企业为主体的投资体制的建设（陈丽华，2001）。通过经济、法律、行政手段规范投资主体的行为，约束企业盲目投资行为，同时以这种形式更好地保护投资者的利益。规范地方政府干预经济的行为，将地方政府管理经济的职能明确为企业投资创造条件和环境，而不是作为一个投资者介入市场竞争。建立明确的产权制度，切断政府与企业之间的产权关系，使企业成为真正的投资主体。

三是建立健全、制定和执行产业政策的制度，使地区产业规划与国家的产业规划相衔接，并充分体现国家产业政策的发展方向，在执行产业政策时应划分中央与地方权限，实行分级管理，建立起优化产业结构的协调管理和监督机制，使产业政策对产业结构升级的作用长期化、制度化和法律化（郭克莎，2001）。

（2）规范政府管制行为，明确政府管制界限。

一是应打破政府对某些适合市场经营行业的垄断经营体制，消除政府行政性垄断经营根源。从行业来讲，中央政府应以法律形式严格界定自然垄断性行业和非自然垄断性行业，以及特定行业的自然垄断业务和非自然垄断业务。对于非自然垄断性行业，应采取市场经营方式。对于自然垄断性行业，政府作为管制者和监督者，主要是直接管理和调控价格，防止从事自然垄断性行业的企业利用垄断地位提高价格，损害消费者利益。政府作为管制者不能直接干预企业经营，应将具体经营权授予企业。

二是应根据产品性质明确界定公共品、准公共品和竞争性产品，不同的产品采取不同的经营方式。对于国防、消防、供水、排水等公共品，由于其具有一定的规模经济性、非竞争性、利益外部性等特点，这类公共品应由政府来经营，政府必须保证其有充足的经费，并随服务量的变化适时调整经费。对于教育、卫生等准公共品，可以采取半市场经营方式，将准公共品分为营利性和非营利性两种。对划入非营利性准公共品，应由国家财政给予足够的支持，支撑其发展；对划入营利性的准公共品，其服务价格应完全放开，由市场供求来调节，增加其收入，刺激其扩大再生产。对于竞争性产品应完全放开，由市场来经营，服务价格完全放开，让服务价格充分反映服务供求关系，这将刺激短缺性的竞争性服务产品的供给，缓解这类产品供不应求的现状，推动此类产业健康发展。

四、继续深化完善市场体系

目前，我国市场经济能在发展完善中，资本市场、人才市场、企业家市场以及劳动力市场等发展很不完善。有利于企业按照市场规则自主发展、健康成长的机制远未成熟。绝大多数的传统企业没有真正在国际市场上与竞争对手进行正面交锋，与国际接轨的运行机制尚未形成。因此，培育和完善与国际接轨的市场体系、规范市场主体行为、创造公平竞争的市场环境，对于传统产业的健康发展至关重要。当前，应当加快立法工作进程、加大执法力度；尽快建立与国际接轨的市场经济和法律体系；培育和完善各类市场，尤其是资金市场、人才市场、技术市场和中介服务市场；发展多种融资渠道，促进产业结构优化。

五、要保证技术进步

要调整科研组织的结构，诱导企业科研技术创新行为，强化企业进行科技创新的主动性。为此，必须加快国有企业改革，将企业尽快地推向市场，对企业技术创新提供多种政策支持。

一是提供财税支持。如对企业和个人的创新活动给予财政补贴或某种津贴、税收减免、关税优惠等，以提高企业创新的收益率并分散风险，调动企业对长期创新投资的积极性。

二是提供金融支持。比如提供政策性融资服务，加大支持企业技术创新的贷款比例，实行优惠利率，允许进行技术开发与研究的企业实行高折旧率的特别折旧方式。

三是试行政府采购政策，为创新产品尤其是关系国计民生或有重大发展前景的产品提供稳定的市场，减少创新的不确定性。

四是制定奖励政策。对创新者应按其创新贡献的质和量，给予公正的回报，对特殊贡献的创新者应予重奖，包括奖励一定数额的企业股份。

五是推行鼓励人才流动的政策。人才的流动可以保障其才能得到最大的发挥。

六、重视基础教育和职业教育

提高劳动力素质的投入主要体现在教育。实践证明，各国经济发展、产业结构水平和其国民综合教育之间存在显著的相互促进关系。一般而言，大多数国家的经济增长要高于国民经济资源的增长。二者之间的差额不是由规模收益决定，而是由投入品的内涵改进产生的，其中最重要的是人力资本的提升，其他的较为次要。国家之间的贫富差距，并不是在于缺乏资本的差距，而在于国民教育上的差距（西奥尔多·W.舒尔茨，1991），对于我国情况也是如此。因而，从投入上看，一是国家财政要保证全社会教育投入，二是重视在职培训。在职培训的意义在于，在新技术不断进步条件下，为使劳动者始终保持适应技术变化的就业能力，从而提高劳动生产率和竞争力。国外许多大型企业一般都规定，从工人到经理，每个职工每年必须接受一定时间的在职培训，学习专业中的最新科学技术、工艺和知识技能。在我国，由于资金短缺，在职培训受到忽视而落后，极不利于我国劳动力素质的提高。

在我国的高等教育中，面向原创性研究有着很大的不足。这导致我国完全自主产权产业存在较大的空白，不利于国际竞争，也导致产业技术进步的后劲不足。由于原创性研究需要的时间周期长、成功的风险大和研究本身的难度大，所以很多研究机构和研究人员不愿意从事这类研究，这些也与我国高等教育中职称评定体制、科研成果鉴定体制等自身存在的缺陷相关。这些方面必须要进行改革。

七、不断提升综合国力，为中国产业结构优化创造良好的国际环境

经济运行的市场从来就不是一个严格封闭的系统，依赖于良好的外部环境。如果所处环境恶劣，经济也无法运行。在封闭经济条件下，政

府可以专心做好"守夜人"，用法律、政策法规，作为参与技术进步等的手段，为经济发展提供、创造一个良好的外部环境。

从现在至将来，中国产业结构优化必然在国际化背景下进行。世界经济不是一个单纯市场，更多的要牵涉到国际政治范畴。因为国际经济环境的不确定性不是由本国政府所能决定的。在国际经济背景下，一个国家经济参与世界经济的正当权益能否得到保障，从本质上是看该国的国际影响力。一国的国际影响力大小主要来自本国的军事打击和防御能力，以及经济贸易国际竞争力的大小，归根结底是一个国家综合国力的比较。由此可见，中国只有提升综合国力，才是应对一切外来负面冲击的根本保障。

当前，在国际经济一体化背景下，有国际法、世贸组织为国际经济、国际市场摒除了负面影响，减少国际贸易的不确定性，营造了适宜的外部环境，把交换扩展到世界范围，使得每个参与国家都能得到国际贸易的交换净利益，使各国经济得以持续增长。但这是表面现象，西方发达国家制定、维护国际法，推动和维持世贸组织的目的并不是为了世界各国利益或世界经济增长，而是因为他们对世界其他国家具有绝对比较优势，推行自由竞争的一体化世界经济符合他们的最大利益。随着中国经济的发展，西方国家发现现有的世界经济规则并不能保证他们的利益最大化，这时就会依据他们综合国力的国际影响力，采取"合则用，不合则弃"的政策，有选择地对待现有的世界贸易规则。

西方国家的利益来自世界霸主地位，谁威胁了他的霸主地位，它必然极尽各种手段加以打压。中国要想发展，要想实现伟大复兴，遭到围堵是必然的结果，会是常态。要想有一个相对稳定和平的国际环境，不能寄希望于西方国家，唯有中国综合国力强盛这一条道路。

当前中国的"一带一路"政策受到世界各国的认同，并积极参与其中。为了维护、保障"一带一路"持久的顺利实行，中国必须提升，并运用好综合国力以形成最大的国际影响力，在世界经济一体化背景下为中国产业结构优化创造一个良好的外部环境。

附　录

附表 1　　　　　　　1952～2018 年中国产业结构基本数据　　　　单位：%

年份	第一产业国民收入比重	第二产业国民收入比重	第三产业国民收入比重	第一产业从业人员比重	第二产业从业人员比重	第三产业从业人员比重
1952	50.50	20.80	28.70	83.54	7.39	9.07
1953	45.90	23.20	30.90	83.07	8.03	8.90
1954	45.60	24.50	29.90	83.14	8.62	8.24
1955	46.20	24.30	29.50	83.27	8.57	8.16
1956	43.10	27.20	29.70	80.56	10.72	8.71
1957	40.10	29.60	30.30	81.23	9.01	9.76
1958	34.00	36.90	29.20	58.23	26.60	15.17
1959	26.50	42.60	30.90	62.17	20.64	17.19
1960	23.20	44.40	32.40	65.75	15.89	18.36
1961	35.80	31.90	32.30	77.17	11.16	11.67
1962	39.00	31.30	29.70	82.12	7.95	9.94
1963	39.90	33.10	27.10	82.45	7.65	9.89
1964	38.00	35.30	26.60	82.21	7.87	9.92
1965	37.50	35.10	27.40	81.60	8.40	10.00
1966	37.20	37.90	24.90	81.52	8.72	9.76
1967	39.80	33.90	26.30	81.67	8.64	9.70
1968	41.60	31.10	27.20	81.66	8.59	9.74
1969	37.50	35.40	27.10	81.62	9.12	9.26

续表

年份	第一产业国民收入比重	第二产业国民收入比重	第三产业国民收入比重	第一产业从业人员比重	第二产业从业人员比重	第三产业从业人员比重
1970	34.80	40.30	24.90	80.77	10.22	9.01
1971	33.60	41.90	24.40	79.72	11.20	9.08
1972	32.40	42.80	24.80	78.88	11.93	9.19
1973	32.90	42.80	24.20	78.73	12.26	9.01
1974	33.40	42.40	24.10	78.19	12.61	9.20
1975	32.00	45.40	22.70	77.17	13.50	9.33
1976	32.40	45.00	22.60	75.82	14.45	9.73
1977	29.00	46.70	24.30	74.51	14.81	10.68
1978	27.70	47.70	24.60	70.53	17.30	12.18
1979	30.70	47.00	22.30	69.80	17.58	12.62
1980	29.60	48.10	22.30	68.75	18.19	13.06
1981	31.30	46.00	22.70	68.10	18.30	13.60
1982	32.80	44.60	22.60	68.13	18.43	13.45
1983	32.60	44.20	23.20	67.08	18.69	14.23
1984	31.50	42.90	25.50	64.05	19.90	16.06
1985	27.90	42.70	29.40	62.42	20.82	16.76
1986	26.60	43.50	29.80	60.95	21.87	17.18
1987	26.30	43.30	30.40	59.99	22.22	17.80
1988	25.20	43.50	31.20	59.35	22.37	18.28
1989	24.60	42.50	32.90	60.05	21.65	18.31
1990	26.60	41.00	32.40	60.10	21.40	18.50
1991	24.00	41.50	34.50	59.70	21.40	18.90
1992	21.30	43.10	35.60	58.50	21.70	19.80
1993	19.30	46.20	34.50	56.40	22.40	21.20
1994	19.50	46.20	34.40	54.30	22.70	23.00
1995	19.60	46.80	33.70	52.20	23.00	24.80

年份	第一产业国民收入比重	第二产业国民收入比重	第三产业国民收入比重	第一产业从业人员比重	第二产业从业人员比重	第三产业从业人员比重
1996	19.30	47.10	33.60	50.50	23.50	26.00
1997	17.90	47.10	35.00	49.90	23.70	26.40
1998	17.20	45.80	37.00	49.80	23.50	26.70
1999	16.10	45.40	38.60	50.10	23.00	26.90
2000	14.70	45.50	39.80	50.00	22.50	27.50
2001	14.00	44.80	41.20	50.00	22.30	27.70
2002	13.30	44.50	42.20	50.00	21.40	28.60
2003	12.30	45.60	42.00	49.10	21.60	29.30
2004	12.90	45.90	41.20	46.90	22.50	30.60
2005	11.60	47.00	41.30	44.80	23.80	31.40
2006	10.60	47.60	41.80	42.60	25.20	32.20
2007	10.20	46.90	42.90	40.80	26.80	32.40
2008	10.20	47.00	42.90	39.60	27.20	33.20
2009	9.60	46.00	44.40	38.10	27.80	34.10
2010	9.30	46.50	44.20	36.70	28.70	34.60
2011	9.20	46.50	44.30	34.80	29.50	35.70
2012	9.10	45.40	45.50	33.60	30.30	36.10
2013	8.90	44.20	46.90	31.40	30.10	38.50
2014	8.70	43.30	48.00	29.50	29.90	40.60
2015	8.40	41.10	50.50	28.30	29.30	42.40
2016	8.10	40.10	51.80	27.70	28.80	43.50
2017	7.60	40.50	51.90	26.98	28.11	44.91
2018	7.20	40.70	52.20	26.11	27.57	46.32

资料来源：1987 年、1994 年、1999 年、2001 年、2004 年、2008 年、2012 年、2017 年和 2019 年《中国统计年鉴》，国家统计局。2017 年、2018 年数据来源于中国统计数据应用系统。网址：http://yearbook.acmr.cn/dataquery/query_s.aspx? db = gjnd。

附表 2　　　**1978～2018 年中国国民收入核算相关数据**

年份	人均生产总值（元）	居民消费价格指数	人均生产总值指数（%）
1978	385	100.00	1.00
1979	423	101.90	1.08
1980	468	109.50	1.11
1981	497	112.20	1.15
1982	533	114.40	1.21
1983	588	116.70	1.31
1984	702	119.90	1.52
1985	866	131.10	1.72
1986	973	139.60	1.81
1987	1123	149.80	1.95
1988	1378	177.90	2.01
1989	1536	209.90	1.90
1990	1663	216.40	2.00
1991	1912	223.80	2.22
1992	2334	238.10	2.55
1993	3027	273.10	2.88
1994	4081	339.00	3.13
1995	5091	396.90	3.33
1996	5898	429.90	3.56
1997	6481	441.90	3.81
1998	6860	438.40	4.06
1999	7229	432.20	4.34
2000	7942	434.00	4.75
2001	8717	437.00	5.18
2002	9506	433.50	5.70
2003	10666	438.70	6.31
2004	12487	455.80	7.12

年份	人均生产总值（元）	居民消费价格指数	人均生产总值指数（％）
2005	14368	464.00	8.04
2006	16738	471.00	9.23
2007	20494	493.60	10.78
2008	24100	522.70	11.98
2009	26180	519.00	13.10
2010	30808	536.10	14.93
2011	36302	565.00	16.69
2012	39874	579.70	17.87
2013	43684	594.80	19.08
2014	47005	606.70	20.12
2015	50028	615.20	21.12
2016	53680	627.50	22.22
2017	59201	637.50	24.12
2018	64644	650.90	25.80

资料来源：1987 年、1994 年、1999 年、2001 年、2004 年、2008 年、2012 年、2017 年和 2018 年《中国统计年鉴》，国家统计局。人均生产总值指数是以 1978 年为基期的增长率。2017 年、2018 年数据来源于中国统计数据应用系统。网址：http://yearbook.acmr.cn/dataquery/query_s.aspx? db = gjnd。

附表 3　　1952～2018 年中国产业结构偏离和产业结构升级相关数据

年份	经济增长率（％）	五年移动平均的经济增长率（％）	产业结构偏离度 M	产业结构偏离变动率（％）	五年移动平均的产业结构偏离变动率（％）	产业结构升级系数 F 收入结构口径	产业结构升级系数 F 劳动力结构口径
1952	—	—	1.64649	—	—	1.78	1.26
1953	115.60	—	1.81452	110.21	—	1.85	1.26
1954	104.30	—	1.87141	103.14	—	1.84	1.25
1955	106.90	109.38	1.86176	99.48	1.02	1.83	1.25
1956	115.00	110.52	1.67096	89.75	0.87	1.87	1.28

年份	经济增长率（%）	五年移动平均的经济增长率（%）	产业结构偏离度 M	产业结构偏离变动率（%）	五年移动平均的产业结构偏离变动率（%）	产业结构升级系数 F	
						收入结构口径	劳动力结构口径
1957	105.10	111.46	1.81717	108.75	0.93	1.90	1.29
1958	121.30	110.08	0.62702	34.51	1.02	1.95	1.57
1959	109.00	101.62	0.83602	133.33	1.09	2.04	1.55
1960	100.00	99.48	1.18650	141.92	1.15	2.09	1.53
1961	72.70	97.28	1.51255	127.48	1.29	1.97	1.35
1962	94.40	99.12	2.07089	136.91	1.23	1.91	1.28
1963	110.30	102.52	2.18760	105.64	1.13	1.87	1.27
1964	118.20	110.12	2.25536	103.10	1.08	1.88	1.28
1965	117.00	110.10	2.11577	93.81	0.99	1.90	1.28
1966	110.70	107.22	2.15184	101.71	0.97	1.88	1.28
1967	94.30	106.96	1.97935	91.98	0.98	1.87	1.28
1968	95.90	107.42	1.85375	93.66	0.99	1.85	1.28
1969	116.90	106.70	2.02511	109.24	0.98	1.90	1.28
1970	119.30	108.60	2.00840	99.18	0.99	1.90	1.28
1971	107.10	110.98	1.88818	94.01	0.99	1.91	1.29
1972	103.80	108.06	1.81971	96.37	0.96	1.92	1.30
1973	107.80	105.94	1.76923	97.23	0.96	1.91	1.30
1974	102.30	104.20	1.68625	95.31	0.95	1.91	1.31
1975	108.70	104.96	1.63136	96.75	0.96	1.91	1.32
1976	98.40	105.74	1.47718	90.55	0.93	1.90	1.34
1977	107.60	106.80	1.48739	100.69	0.92	1.95	1.36
1978	111.70	106.62	1.22456	82.33	0.92	1.97	1.42
1979	107.60	107.96	1.11061	90.70	0.93	1.92	1.43
1980	107.80	108.24	1.08428	97.63	0.92	1.93	1.44
1981	105.10	108.06	1.00503	92.69	0.94	1.91	1.46
1982	109.00	109.58	0.95749	95.27	0.94	1.90	1.45

年份	经济增长率（%）	五年移动平均的经济增长率（%）	产业结构偏离度 M	产业结构偏离变动率（%）	五年移动平均的产业结构偏离变动率（%）	产业结构升级系数 F	
						收入结构口径	劳动力结构口径
1983	110.80	110.70	0.91743	95.82	0.95	1.91	1.47
1984	115.20	111.46	0.80427	87.67	0.95	1.94	1.52
1985	113.40	112.00	0.81215	100.98	0.96	2.02	1.54
1986	108.90	112.08	0.78207	96.30	0.96	2.03	1.56
1987	111.70	109.88	0.75659	96.74	1.00	2.04	1.58
1988	111.20	107.98	0.75795	100.18	0.99	2.06	1.59
1989	104.20	108.06	0.79839	105.34	1.01	2.08	1.58
1990	103.90	108.56	0.75588	94.68	1.02	2.06	1.58
1991	109.30	109.10	0.80022	105.87	1.01	2.11	1.59
1992	114.20	110.86	0.81928	102.38	0.99	2.14	1.61
1993	113.90	112.28	0.80730	98.54	0.99	2.15	1.65
1994	113.00	112.40	0.75897	94.01	0.97	2.15	1.69
1995	111.00	111.40	0.72791	95.91	0.97	2.14	1.73
1996	109.90	110.18	0.70135	96.35	0.97	2.14	1.76
1997	109.20	109.12	0.70527	100.56	0.99	2.17	1.77
1998	107.80	108.62	0.70186	99.52	1.01	2.20	1.77
1999	107.70	108.30	0.72990	104.00	1.02	2.23	1.77
2000	108.50	108.28	0.76233	104.44	1.03	2.25	1.78
2001	108.30	108.72	0.76897	100.87	1.03	2.27	1.78
2002	109.10	109.20	0.80210	104.31	1.01	2.29	1.79
2003	110.00	109.78	0.81326	101.39	0.99	2.30	1.80
2004	110.10	110.66	0.75876	93.30	0.98	2.28	1.84
2005	111.40	111.68	0.73002	96.21	0.96	2.30	1.87
2006	112.70	111.62	0.69360	95.01	0.95	2.31	1.90
2007	114.20	111.48	0.64032	92.32	0.95	2.33	1.92
2008	109.70	111.32	0.62355	97.38	0.96	2.33	1.94

年份	经济增长率（%）	五年移动平均的经济增长率（%）	产业结构偏离度 M	产业结构偏离变动率（%）	五年移动平均的产业结构偏离变动率（%）	产业结构升级系数 F	
						收入结构口径	劳动力结构口径
2009	109.40	110.70	0.59983	96.20	0.96	2.35	1.96
2010	110.60	109.44	0.58282	97.16	0.96	2.35	1.98
2011	109.60	109.06	0.55716	95.60	0.96	2.35	2.01
2012	107.90	108.64	0.53162	95.42	0.96	2.36	2.03
2013	107.80	107.90	0.51007	95.95	0.96	2.38	2.07
2014	107.30	107.32	0.49370	96.79	0.97	2.39	2.11
2015	106.90	107.10	0.48068	97.36	0.99	2.42	2.14
2016	106.70	106.86	0.47993	99.84	1.00	2.44	2.16
2017	106.80	—	0.49477	103.09	—	2.44	2.18
2018	106.60	—	0.50578	102.23	—	2.45	2.20

资料来源：1987 年、1994 年、1999 年、2001 年、2004 年、2008 年、2012 年、2017 年和 2018 年《中国统计年鉴》，国家统计局。另外，产业结构均衡偏离度、产业结构升级系数分别是 M 和 F（见附表 1 说明）是根据相关数据计算。2017 年、2018 年数据来源于中国统计数据应用系统。网址：http：//yearbook. acmr. cn/dataquery/query_s. aspx？ db = gjnd。其中，产业结构均衡偏离度、产业结构升级系数是分别根据公式 $M = \sqrt{\sum_{i=1}^{3}\left(\frac{y_i}{l_i} - 1\right)^2 / 3}$ 和 $F = y_1 \times 1 + y_2 \times 2 + y_3 \times 3$ 计算的。

附表 4　　　　　　　　1990～1997 年韩国产业结构相关数据

年份	1990	1991	1992	1993	1994	1995	1996	1997
人均 GDP（美元）	22660	22800	24190	25090	26250	27410	28390	29080
经济增长率（%）	0.024	-0.215	0.157	0.145	0.252	0.157	0.257	0.282
产业结构升级系数	2.6740	2.6795	2.6835	2.6879	2.6861	2.6887	2.6928	2.6948

资料来源：1985 年、1997 年、1998 年、2000 年、2003 年《国际统计年鉴》，中华人民共和国国家统计局编，中国统计出版社。其中，三次劳动力结构是根据按行业分类的就业人口一栏计算而来，余者都是从统计年鉴直接抄录。另外，产业结构均衡偏离度、产业结构升级系数分别是 M 和 F（见附表 3 说明）是根据相关数据计算。

附表5　　　　　　　　　　1990~2000年美国产业结构相关数据

年份	第一产业劳动力比重（%）	第二产业劳动力比重（%）	第三产业劳动力比重（%）	产业结构均衡偏离度
1990	0.03	0.27	0.70	0.09939
1991	0.03	0.26	0.71	0.15836
1992	0.03	0.26	0.71	0.12890
1993	0.03	0.26	0.72	0.15647
1994	0.03	0.25	0.72	0.15371
1995	0.03	0.25	0.72	0.20771
1996	0.03	0.25	0.72	0.13467
1997	0.03	0.25	0.72	0.11444
1998	0.03	0.25	0.72	0.23215
1999	0.03	0.23	0.74	0.16568
2000	0.03	0.23	0.74	0.21633

资料来源：与附表4一致。

附表6　　　　　　　　　　1990~1996年韩国产业结构相关数据

年份	第一产业收入比重（%）	第二产业收入比重（%）	第三产业收入比重（%）	第一产业劳动力比重（%）	第二产业劳动力比重（%）	第三产业劳动力比重（%）	产业结构均衡偏离度
1990	2.00	28.10	69.90	0.03	0.27	0.70	0.09938
1991	1.80	27.20	71.10	0.03	0.26	0.71	0.15835
1992	1.90	26.10	72.00	0.03	0.26	0.71	0.12889
1993	1.70	26.10	72.20	0.03	0.26	0.72	0.15647
1994	1.80	26.60	71.60	0.03	0.25	0.72	0.15370
1995	1.60	26.90	71.50	0.03	0.25	0.72	0.20771
1996	1.80	26.80	71.40	0.03	0.25	0.72	0.13467

资料来源：与附表4一致。

附表 7　　　　　　　1976～1996 年美国产业结构的相关数据

年份	第一产业收入比重（%）	第二产业收入比重（%）	第三产业收入比重（%）	产业结构升级系数	人均收入（美元）
1976	3.07	33.30	63.63	2.6056	8020
1977	2.79	33.84	63.37	2.6058	8440
1978	2.88	33.80	63.32	2.6044	9030
1979	3.05	33.55	63.40	2.6035	10150
1980	2.52	33.35	64.13	2.6161	11550
1981	2.73	33.80	63.48	2.6077	12680
1982	2.50	32.70	64.80	2.6230	13540
1983	1.88	31.52	66.60	2.6472	13290
1984	2.25	31.96	65.79	2.6354	13710
1985	2.12	31.06	66.82	2.6470	15090
1986	1.96	29.73	68.32	2.6638	16310
1987	1.99	29.69	68.32	2.6633	17980
1988	1.85	29.93	68.22	2.6637	19930
1989	1.97	28.88	69.16	2.6721	21720
1990	1.99	28.11	69.90	2.6791	22250
1991	1.83	27.03	71.14	2.6931	22540
1992	1.89	26.13	71.97	2.7006	22700
1993	1.70	26.05	72.25	2.7055	24100
1994	1.80	26.62	71.58	2.6978	24970
1995	1.61	26.91	71.47	2.6984	26170
1996	1.79	26.79	71.42	2.6963	27330

资料来源：EPS 数据平台。网址：http：//olap.epsnet.com.cn。

附表8　　　　　　　　　　　1991～2015 年第一产业收入比重　　　　　　　　单位：%

年份	美国	韩国	日本	英国	德国	法国	俄罗斯	印度
1991	1.9	7.3	2.0	1.4	1.2	2.9	14.3	29.4
1992	2.0	7.1	1.9	1.3	1.1	2.9	7.4	28.7
1993	1.9	6.4	1.7	1.4	1.0	2.6	8.3	28.7
1994	1.8	6.2	1.9	1.4	1.0	2.7	6.6	28.3
1995	1.6	5.8	1.7	1.4	1.0	2.7	7.2	26.3
1996	1.8	5.5	1.7	1.2	1.1	2.7	7.2	27.1
1997	1.4	5.0	1.6	1.1	1.1	2.6	6.4	25.9
1998	1.3	4.6	1.7	1.0	1.0	2.6	5.6	25.8
1999	1.2	4.8	1.6	0.9	1.0	2.5	7.3	24.5
2000	1.2	4.4	1.5	0.9	1.1	2.3	6.4	23.0
2001	1.2	4.1	1.4	0.8	1.2	2.3	6.6	22.9
2002	1.0	3.8	1.4	0.8	0.9	2.2	6.3	20.7
2003	1.2	3.5	1.3	0.8	0.9	2.1	6.3	20.7
2004	1.3	3.5	1.3	0.9	1.0	2.0	5.6	19.0
2005	1.2	3.1	1.2	0.6	0.8	1.9	5.0	18.8
2006	1.1	3.0	1.1	0.6	0.8	1.7	4.5	18.3
2007	1.1	2.7	1.1	0.6	0.8	1.8	4.4	18.9
2008	1.2	2.5	1.1	0.7	0.9	1.7	4.4	18.4
2009	1.1	2.6	1.1	0.6	0.7	1.5	4.7	18.4
2010	1.2	2.5	1.1	0.7	0.7	1.8	3.9	18.9
2011	1.4	2.5	1.1	0.7	0.8	1.8	4.0	18.5
2012	1.2	2.5	1.2	0.7	0.8	1.8	3.7	18.3
2013	1.5	2.3	1.1	0.7	0.9	1.6	3.8	18.6
2014	1.3	2.3	1.1	0.7	0.8	1.7	4.1	18.0
2015	—	2.3	—	0.7	0.6	1.7	4.6	17.5

资料来源：EPS 数据平台。网址：http://olap.epsnet.com.cn。

附表9　　　　　　　　　1991～2015 年第二产业收入比重　　　　　单位：%

年份	美国	韩国	日本	英国	德国	法国	俄罗斯	印度
1991	26.7	39.2	37.7	28.6	36.9	26.7	47.6	25.4
1992	25.8	37.9	36.5	28.0	35.9	26.2	43.0	25.8
1993	25.7	38.2	35.1	27.3	33.8	25.2	44.6	25.5
1994	26.2	38.0	33.0	27.7	33.5	24.4	44.7	26.4
1995	26.3	38.4	32.0	27.8	32.9	24.5	37.0	27.4
1996	25.8	37.8	31.7	27.8	31.9	23.9	38.7	26.6
1997	23.9	37.5	31.7	27.0	31.5	23.7	38.1	26.4
1998	23.4	37.0	30.7	26.0	31.4	23.6	37.4	25.7
1999	23.3	36.5	30.4	24.9	30.8	23.3	37.2	25.2
2000	23.2	38.1	30.0	25.3	30.9	23.3	37.9	26.0
2001	22.1	36.8	28.3	24.0	30.1	22.9	35.7	25.1
2002	21.3	36.4	27.6	23.6	29.4	22.6	32.8	26.2
2003	21.4	36.6	27.5	22.6	29.3	22.1	32.6	26.0
2004	21.7	38.0	27.4	21.8	29.4	21.8	36.3	27.9
2005	21.9	37.5	27.0	22.0	29.4	21.5	38.1	28.1
2006	22.3	36.9	27.0	22.1	30.1	21.3	37.2	28.8
2007	22.2	37.0	27.2	21.5	30.5	21.1	36.4	34.7
2008	21.6	36.3	26.4	21.1	30.1	20.7	36.1	33.8
2009	20.2	36.7	25.0	19.9	27.8	20.0	33.6	33.1
2010	20.4	38.3	26.5	20.1	30.2	19.6	34.7	32.4
2011	20.6	38.4	25.1	20.3	30.6	19.8	33.8	32.5
2012	20.5	38.1	25.0	20.1	30.7	19.7	33.5	31.7
2013	20.6	38.4	25.1	20.5	30.2	19.8	32.9	30.8
2014	20.7	38.1	25.5	20.1	30.5	19.6	32.1	30.1
2015	—	38.0	—	19.4	30.5	19.5	32.8	29.6

资料来源：EPS 数据平台。网址：http：//olap. epsnet. com. cn。

附表10　　　　　　　　1991～2015年第三产业收入比重　　　　　单位：%

年份	美国	韩国	日本	英国	德国	法国	俄罗斯	印度
1991	71.4	53.5	60.3	70.0	61.9	70.4	38.1	45.2
1992	72.2	55.0	61.6	70.7	63.0	70.9	49.6	45.5
1993	72.4	55.4	63.2	71.3	65.2	72.2	47.1	45.8
1994	72.0	55.8	65.1	70.9	65.5	72.9	48.7	45.3
1995	72.1	55.8	66.3	70.8	66.1	72.8	55.8	46.3
1996	72.4	56.7	66.6	71.0	67.0	73.4	54.1	46.3
1997	74.7	57.5	66.7	71.9	67.4	73.7	55.5	47.7
1998	75.3	58.4	67.6	73.0	67.6	73.8	57.0	48.5
1999	75.5	58.7	68.0	74.2	68.2	74.2	55.5	50.3
2000	75.6	57.5	68.5	73.8	68.0	74.4	55.7	51.0
2001	76.7	59.1	70.3	75.2	68.7	74.8	57.7	52.0
2002	77.7	59.8	71.0	75.6	69.7	75.2	60.9	53.1
2003	77.4	59.9	71.2	76.6	69.8	75.8	61.1	53.3
2004	77.0	58.5	71.3	77.3	69.6	76.2	58.1	53.1
2005	76.9	59.4	71.8	77.4	69.8	76.6	56.9	53.1
2006	76.6	60.1	71.9	77.3	69.1	77.0	58.3	52.9
2007	76.7	60.3	71.7	77.9	68.7	77.1	59.2	46.4
2008	77.2	61.2	72.5	78.2	69.0	77.6	59.5	47.8
2009	78.7	60.7	73.9	79.5	71.5	78.5	61.7	48.5
2010	78.4	59.2	72.4	79.2	69.1	78.6	61.4	48.7
2011	78.0	59.1	73.8	79.0	68.6	78.4	62.2	49.0
2012	78.3	59.4	73.8	79.2	68.5	78.5	62.8	50.0
2013	77.9	59.3	73.8	78.8	68.9	78.6	63.3	50.6
2014	78.0	59.6	73.4	79.2	68.7	78.7	63.8	51.9
2015	—	59.7	—	79.9	68.9	78.8	62.6	52.9

资料来源：EPS数据平台。网址：http：//olap.epsnet.com.cn。

附表 11　　　　　　　1991～2015 年第一产业从业人员比重　　　　单位：%

年份	美国	韩国	日本	英国	德国	法国	俄罗斯	印度
1991	2.794	16.367	6.734	2.255	4.106	5.330	10.164	63.586
1992	2.764	14.029	6.416	2.210	3.746	5.919	10.014	63.118
1993	2.615	13.481	5.963	2.047	3.522	5.457	10.818	62.855
1994	2.794	12.556	5.806	2.080	3.267	5.187	11.418	62.178
1995	2.779	11.771	5.706	2.054	3.170	4.890	11.963	61.248
1996	2.743	11.140	5.513	1.949	2.935	4.823	12.252	61.439
1997	2.649	10.771	5.366	1.854	2.942	4.637	12.156	61.284
1998	2.588	12.023	5.295	1.718	2.781	4.411	11.687	61.267
1999	2.483	11.344	5.217	1.554	2.865	4.243	15.007	60.433
2000	1.834	10.603	5.088	1.535	2.637	4.143	14.493	59.645
2001	1.711	9.957	4.915	1.392	2.616	4.070	12.045	60.262
2002	1.727	9.332	4.718	1.386	2.487	4.131	11.337	59.156
2003	1.683	8.806	4.684	1.249	2.425	4.254	10.883	58.608
2004	1.634	8.089	4.570	1.276	2.355	3.874	10.155	56.961
2005	1.581	7.942	4.491	1.377	2.374	3.637	10.174	55.998
2006	1.556	7.708	4.386	1.352	2.268	3.733	9.973	54.691
2007	1.463	7.367	4.294	1.366	2.259	3.454	8.994	53.678
2008	1.523	7.179	4.262	1.081	1.785	2.738	8.645	53.159
2009	1.537	7.012	4.223	1.110	1.682	2.931	8.428	52.378
2010	1.621	6.574	4.091	1.216	1.647	2.908	7.747	51.515
2011	1.646	6.359	3.959	1.220	1.645	2.909	7.686	48.803
2012	1.568	6.191	3.867	1.188	1.561	2.919	7.326	47.004
2013	1.514	6.064	3.746	1.058	1.447	3.075	6.992	46.660
2014	1.562	5.672	3.679	1.255	1.428	2.846	6.724	45.524
2015	1.663	5.186	3.633	1.137	1.394	2.745	6.710	44.362

资料来源：EPS 数据平台。网址：http://olap.epsnet.com.cn。

附表 12　　　　　　1991～2015 年第二产业从业人员比重　　　　单位：%

年份	美国	韩国	日本	英国	德国	法国	俄罗斯	印度
1991	24.655	35.951	34.584	31.296	40.867	29.137	34.346	14.814
1992	24.139	35.753	34.764	29.906	38.986	29.372	32.396	14.970
1993	23.689	34.016	34.423	29.392	37.844	27.507	32.464	14.896
1994	23.599	33.627	34.184	27.781	36.903	26.829	31.912	15.425
1995	23.651	33.441	33.691	27.424	36.004	26.940	30.218	16.147
1996	23.540	32.640	33.421	27.425	35.270	26.507	30.658	15.898
1997	23.598	31.432	33.267	26.863	34.674	26.558	30.012	15.874
1998	23.377	27.980	32.217	26.666	34.389	26.325	29.130	15.561
1999	22.938	27.512	31.864	25.812	33.833	26.295	28.158	15.785
2000	23.322	28.145	31.419	25.167	33.531	26.274	28.410	16.320
2001	22.607	27.479	30.700	24.640	32.781	26.034	29.401	15.911
2002	21.658	27.321	29.949	23.911	32.367	25.397	29.536	16.593
2003	21.279	27.614	29.544	23.341	31.378	24.137	30.391	16.970
2004	21.206	27.478	28.699	22.302	31.254	24.248	29.749	18.321
2005	21.049	26.850	27.839	22.216	29.840	23.777	29.786	18.804
2006	21.162	26.333	27.996	22.062	29.652	23.803	29.330	19.796
2007	21.009	25.918	28.208	22.189	29.896	23.324	29.187	20.620
2008	20.312	25.490	27.261	22.004	29.343	23.251	28.947	20.716
2009	18.884	24.448	26.252	19.611	28.796	22.669	27.457	21.327
2010	18.474	24.948	25.686	19.210	28.309	22.254	27.744	21.809
2011	18.573	24.769	25.514	19.177	28.236	22.172	27.453	23.451
2012	18.500	24.477	26.196	19.066	28.193	21.760	27.768	24.355
2013	18.754	24.400	26.190	18.865	27.778	21.305	27.727	23.794
2014	18.995	24.644	25.224	18.965	28.051	20.573	27.516	23.936
2015	18.851	25.073	25.908	18.656	27.689	20.376	27.181	23.896

资料来源：EPS 数据平台。网址：http://olap.epsnet.com.cn。

附表 13　　　　　**1991～2015 年第三产业从业人员比重**　　　　　单位：%

年份	美国	韩国	日本	英国	德国	法国	俄罗斯	印度
1991	72.551	47.682	58.682	66.450	55.027	65.533	55.489	21.600
1992	73.097	50.218	58.820	67.884	57.268	64.708	57.590	21.912
1993	73.696	52.503	59.614	68.561	58.634	67.036	56.718	22.249
1994	73.608	53.817	60.009	70.139	59.830	67.984	56.670	22.397
1995	73.570	54.788	60.603	70.522	60.826	68.170	57.819	22.605
1996	73.717	56.220	61.066	70.627	61.795	68.670	57.090	22.663
1997	73.753	57.797	61.367	71.283	62.384	68.805	57.832	22.843
1998	74.034	59.997	62.488	71.616	62.830	69.264	59.182	23.172
1999	74.579	61.144	62.919	72.634	63.302	69.462	56.835	23.782
2000	74.844	61.253	63.493	73.298	63.832	69.583	57.097	24.035
2001	75.682	62.564	64.384	73.968	64.603	69.896	58.554	23.827
2002	76.615	63.347	65.333	74.703	65.146	70.472	59.127	24.251
2003	77.038	63.580	65.771	75.411	66.198	71.609	58.726	24.423
2004	77.160	64.434	66.731	76.422	66.391	71.878	60.096	24.717
2005	77.370	65.208	67.670	76.407	67.786	72.587	60.040	25.198
2006	77.282	65.959	67.618	76.585	68.080	72.463	60.697	25.512
2007	77.528	66.715	67.498	76.445	67.845	73.221	61.819	25.702
2008	78.166	67.331	68.477	76.915	68.872	74.011	62.408	26.125
2009	79.580	68.540	69.525	79.278	69.521	74.400	64.115	26.295
2010	79.906	68.478	70.223	79.574	70.043	74.838	64.509	26.676
2011	79.781	68.873	70.527	79.603	70.119	74.918	64.861	27.746
2012	79.933	69.332	69.937	79.746	70.246	75.321	64.906	28.641
2013	79.732	69.535	70.064	80.077	70.776	75.620	65.281	29.545
2014	79.443	69.684	71.097	79.781	70.520	76.581	65.759	30.541
2015	79.486	69.741	70.459	80.207	70.917	76.879	66.109	31.742

资料来源：EPS 数据平台。网址：http：//olap.epsnet.com.cn。

附表 14　　　　1991～2015 年各个国家产业结构均衡偏离系数

年份	美国	韩国	日本	英国	德国	法国	俄罗斯	印度
1991	0.191061	0.331637	0.409507	0.226595	0.418699	0.271026	0.370905	0.815159
1992	0.164609	0.292470	0.408311	0.241753	0.414415	0.306035	0.254643	0.812311
1993	0.165606	0.313087	0.414367	0.188471	0.422972	0.309338	0.272447	0.800520
1994	0.215400	0.302501	0.392000	0.188861	0.407837	0.284790	0.345647	0.785028
1995	0.253597	0.305313	0.409982	0.184015	0.401476	0.266701	0.264644	0.797920
1996	0.206336	0.306261	0.403826	0.222037	0.368382	0.263425	0.283770	0.785989
1997	0.272421	0.328820	0.409199	0.234873	0.368262	0.264336	0.315418	0.807707
1998	0.287507	0.402416	0.395758	0.241979	0.375700	0.247364	0.343136	0.807134
1999	0.298549	0.383451	0.403861	0.244150	0.382000	0.249251	0.349958	0.806767
2000	0.199694	0.396280	0.410508	0.238891	0.341636	0.268013	0.375943	0.814034
2001	0.173089	0.393336	0.418730	0.246185	0.318172	0.263656	0.288945	0.839840
2002	0.243367	0.393690	0.411605	0.244317	0.374381	0.279959	0.264897	0.851071
2003	0.165747	0.396780	0.421722	0.208557	0.366433	0.298292	0.247828	0.836561
2004	0.118784	0.398730	0.415824	0.170753	0.335116	0.287408	0.289131	0.823841
2005	0.141122	0.423068	0.424903	0.325916	0.383271	0.283032	0.336289	0.798288
2006	0.172098	0.425044	0.434580	0.321177	0.373901	0.322268	0.353421	0.775049
2007	0.147073	0.444745	0.431445	0.324438	0.373141	0.283555	0.328517	0.715205
2008	0.128000	0.452009	0.430067	0.205093	0.286639	0.229574	0.318511	0.710585
2009	0.169132	0.469089	0.429390	0.265410	0.338064	0.291700	0.287016	0.692498
2010	0.161943	0.479178	0.422886	0.246465	0.334291	0.232325	0.322374	0.662898
2011	0.107619	0.480023	0.417900	0.248434	0.300746	0.230175	0.308288	0.611345
2012	0.149651	0.478095	0.400332	0.239251	0.286466	0.229275	0.310182	0.583099
2013	0.058601	0.495366	0.409679	0.201877	0.224504	0.280850	0.285272	0.564566
2014	0.110335	0.473464	0.405207	0.257684	0.259288	0.234624	0.245582	0.554064
2015	—	0.445809	—	—	0.334435	0.221660	0.219420	0.537877

　　注：产业结构均衡偏离系数 M（见附表 3 说明）是根据附表 8、附表 9、附表 10 中的数据计算所得。

附表 15 　　　　　　1991～2015 年各个国家产业结构升级系数

年份	美国	韩国	日本	英国	德国	法国	俄罗斯	印度
1991	2.695	2.462	2.583	2.686	2.607	2.675	2.238	2.158
1992	2.702	2.479	2.597	2.694	2.619	2.680	2.422	2.168
1993	2.705	2.490	2.615	2.699	2.642	2.696	2.388	2.171
1994	2.702	2.496	2.632	2.695	2.645	2.702	2.421	2.170
1995	2.705	2.500	2.646	2.694	2.651	2.701	2.486	2.200
1996	2.706	2.512	2.649	2.698	2.659	2.707	2.469	2.192
1997	2.733	2.525	2.651	2.708	2.663	2.711	2.491	2.218
1998	2.740	2.538	2.659	2.720	2.666	2.712	2.514	2.227
1999	2.743	2.539	2.664	2.733	2.672	2.717	2.482	2.258
2000	2.744	2.531	2.670	2.729	2.669	2.721	2.493	2.280
2001	2.755	2.550	2.689	2.744	2.675	2.725	2.511	2.291
2002	2.767	2.560	2.696	2.748	2.688	2.730	2.546	2.324
2003	2.762	2.564	2.699	2.758	2.689	2.737	2.548	2.326
2004	2.757	2.550	2.700	2.764	2.686	2.742	2.525	2.341
2005	2.757	2.563	2.706	2.768	2.690	2.747	2.519	2.343
2006	2.755	2.571	2.708	2.767	2.683	2.753	2.538	2.346
2007	2.756	2.576	2.706	2.773	2.679	2.753	2.548	2.275
2008	2.760	2.587	2.714	2.775	2.681	2.759	2.551	2.294
2009	2.776	2.581	2.728	2.789	2.708	2.770	2.570	2.301
2010	2.772	2.567	2.713	2.785	2.684	2.768	2.575	2.298
2011	2.766	2.566	2.727	2.783	2.678	2.766	2.582	2.305
2012	2.771	2.569	2.726	2.785	2.677	2.767	2.591	2.317
2013	2.764	2.570	2.727	2.781	2.680	2.770	2.595	2.320
2014	2.767	2.573	2.723	2.785	2.679	2.770	2.597	2.339
2015	—	2.574	—	2.792	2.683	2.771	2.580	2.354

注：产业结构升级系数 F（见附表 3 说明）是根据附表 11、附表 12、附表 13 中的数据计算所得。

参 考 文 献

［1］陈孟熙. 经济学说史教程［M］. 中国人民大学出版社，1999（3）.

［2］戴伯勋，沈宏达. 现代产业经济学［M］. 经济管理出版社，2001（4）.

［3］江小涓. 经济转轨时期的产业政策［M］. 上海人民出版社，1996：1－2.

［4］荣宏庆. 我国产业结构问题理论观点综述［J］. 党政干部学刊，2002（4）.

［5］李永禄，龙茂发. 中国产业经济研究［M］. 西南财经大学出版社，2002：24－26.

［6］龚仰军，应勤俭. 产业结构与产业政策［M］. 立信会计出版社，1999（15）.

［7］周振华. 现代经济增长中的结构效应［M］. 三联书店上海分店，上海人民出版社，1995：35－36.

［8］杨治. 产业经济学导论［M］. 中国人民大学出版社，1985（30）.

［9］戴伯勋，沈宏达. 现代产业经济学［M］. 经济管理出版社，2001：52－55.

［10］苏东水. 产业经济学［M］. 高等教育出版社，2003：23－36.

［11］周冯琦. 转型期中国产业结构变动及其体制特征［J］. 上海经济研究，2000（12）.

［12］徐晨光. 我国产业结构调整乏力的症结分析［J］. 财经理论与实践，2000（3）.

［13］沈爱华．市场经济与产业结构优化升级［J］．现代经济探索，2002（11）．

［14］H. B. 钱纳里．结构转换：经济发展的实质研究程序［A］．发展经济学的新格局——进步与展望［C］．北京：经济科学出版社，1987.

［15］M. Syrquin. Patterns of Structural Change［A］. H. B. Chenery, T. N. Srinivasan, eds. Handbook of Development Economics［C］. Vol. I, Elsevier Science Publishers，1988：206.

［16］马颖，陈波．发展经济学结构转型分析方法的演进与评价［J］．经济理论与经济管理，2006（3）：5－10.

［17］林毅夫．新结构经济学——重构发展经济学的框架［J］．经济学（季刊），2011，10（1）：1－32.

［18］林毅夫．新结构经济学的理论框架研究［J］．现代产业经济，2013（Z1）：18－23.

［19］张世贵．新结构经济学在新中国的创立及其理论创新——访北京大学新结构经济研究院院长林毅夫教授［J］．行政管理改革，2019（5）：12－20.

［20］张立群．我国经济增长面临的主要问题［J］．计划经济研究，1992（6）：22－28.

［21］韩建雨．收入分配与经济增长关系问题研究综述［J］．经济纵横，2011（1）：33＋113－116.

［22］李晓西，刘一萌，宋涛．人类绿色发展指数的测算［J］．中国社会科学，2014（6）：69－95＋207－208.

［23］左代富．浅谈调整农业生产结构问题［J］．农村经济，1992（4）：23－24.

［24］韩康．中国经济：宏观调控和增长结构的制约［J］．国家行政学院学报，2007（3）：9－13.

［25］刘燕妮，安立仁，金田林．经济结构失衡背景下的中国经济

增长质量［J］.数量经济技术经济研究，2014，31（2）：20－35.

［26］江小涓.经济转轨时期的产业政策［M］.上海：上海人民出版社，1996：1－2.

［27］朱方明，贺立龙.经济增长质量：一个新的诠释及中国现实考量［J］.马克思主义研究，2014（1）：72－79＋160.

［28］荣宏庆.我国产业结构问题理论观点综述［J］.党政干部学刊，2002（4）.

［29］殷宁宇.中国产业经济的政策、实践与理论构建——中国产业经济学术座谈会会议综述［J］.南方经济，2018（2）：120－136.

［30］李永禄，龙茂发.中国产业经济研究［M］.四川：西南财经大学出版社，2002：24－26.

［31］龚仰军，应勤俭.产业结构与产业政策［M］.上海：立信会计出版社，1999（15）.

［32］周振华.现代经济增长中的结构效应［M］.上海：上海人民出版社，1995：35－36.

［33］杨治.产业经济学导论［M］.北京：中国人民大学出版社，1985（30）.

［34］戴伯勋，沈宏达.现代产业经济学［M］.北京：经济管理出版社，2001：52－55.

［35］苏东水.产业经济学［M］.北京：高等教育出版社，2003：23－36.

［36］周冯琦.转型期中国产业结构变动及其体制特征［J］.上海经济研究，2000（12）.

［37］孙军.需求因素、技术创新与产业结构演变［J］.南开经济研究，2008（5）：58－71.

［38］马微，惠宁.创新驱动发展下的金融结构与产业结构升级——基于30个省份动态面板数据的实证分析［J］.经济问题，2019（4）：1－9.

[39] 徐晨光. 我国产业结构调整乏力的症结分析 [J]. 财经理论与实践, 2000 (3).

[40] 张银银. 高质量发展阶段的产业政策优化研究 [J]. 当代经济管理, 2018, 40 (12): 1 - 5.

[41] 沈爱华. 市场经济与产业结构优化升级 [J]. 现代经济探索, 2002 (11).

[42] 史长宽. 中美贸易摩擦对我国产业结构升级的影响及对策 [J]. 中国流通经济, 2019, 33 (6): 46 - 57.

[43] John Eatwell, Murray Milgate. 新帕尔格雷夫经济学大辞典. 经济科学出版社, 1996 (4): 570 - 571.

[44] 杨公朴. "九五" 期间上海产业结构优化和产业转移研究 [J]. 财经研究, 1998 (11).

[45] 徐德云. 从规范到实证: 论帕累托最优的唯一性与第一、第二福利定理的修正 [J]. 财贸研究, 2018 (12).

[46] 《辞海》, 上海辞书出版社 [M]. 中, 1989: 3057 - 3058.

[47] 皮亚杰. 结构主义 [M]. 商务印书馆, 1987: 14 - 17.

[48] 马克思. 资本论, 政治经济学批判, 第一卷 [M]. 人民出版社, 1975: 23 - 24.

[49] 胡荣涛. 地区利益我国产业结构失调的深层原因及对策分析 [J]. 经济经纬, 2001 (3).

[50] 陈孟熙. 经济学说史, 中国人民大学出版社 [M]. 1992 (3).

[51] 刘湖, 徐德云. 从结构范畴到产业结构的划分 [J]. 西北大学学报 (哲学社会科学版), 2006 (5).

[52] 马克思. 资本论, 政治经济学批判 (第二卷) [M]. 人民出版社, 1953 (468).

[53] 黄良文. 黄良文文选集 [M]. 中国统计出版社, 2002: 86 - 87.

[54] Blanchard. O. J, Frischer. S (著), 刘树成等译. 宏观经济学 (高级教程) [M]. 经济科学出版社, 1998 (252).

［55］蒋殿春．高级微观经济学［M］．经济管理出版社，2000（189）．

［56］徐德云．产业结构均衡的决定及其测度：理论解释及验证［J］．产业经济研究，2011（3）．

［57］戴伯勋．中国老工业基地改造的进程与启示［J］．宏观经济研究，2001（2）．

［58］徐德云．产业结构升级形态决定、测度的一个理论解释及验证［J］．财政研究，2008（1）．

［59］戴伯勋，沈宏达．现代产业经济学［M］．经济管理出版社，2001（56）．

［60］杨公朴，夏大慰．产业经济学教程［M］．上海财经大学出版社，1998：4－10．

［61］扬小凯．经济学——新兴古典与新古典框架［M］．经济科学文献出版社，2003（383）．

［62］徐德云等．产业结构优化中的劳动力转移［J］．经济论坛，2005（23）．

［63］朱善利．微观经济学［M］．北京大学出版社，2002：70－271．

［64］Robert J. Barro, Xavier, Sala-i-Martin. Economic Growth［M］．中国社会科学出版社（何晖，刘明兴译），2000：132－134．

［65］高鸿业．宏观经济学［M］．中国人民大学出版社，2003（572）．

［66］王海明．伦理学原理［M］．北京大学出版社，2001（248）．

［67］刘志彪等．现代产业经济分析［M］．南京大学出版社，2001：9－12．

［68］钱纳里等著，吴奇等译．工业化和经济增长的比较研究［M］．上海三联书店，1995（35）．

［69］Hildenbrand, W., A. Kirman. "quilibrium Analysis", New York：North－Holland, 1988（245）．

［70］徐德云.试疑纯交换帕累托最优条件的充分性及改进［J］.数量经济技术经济研究，2000（7）.

［71］布莱恩·斯洛登.现代宏观经济学发展的反思［M］.商务印书馆，2000（12）.

［72］蒋殿春.高级微观经济学［M］.经济管理出版社，2000，197.

［73］罗斯托等著，贺力平等译.从起飞进入持续增长的经济学［M］.四川人民出版社，1988（124）.

［74］Johnson，H. G. "The Two – Sector Model of Genera Equilibrium"，Chicago：Aldine – Atherton，1971.

［75］David Romer. Macroeconomics. Second edition，Shanghai Unoversity of Finance & Economics Press，2001（11）.

［76］胡代光.西方经济学的演变及其影响［M］.北京大学出版社，1998，72.

［77］Inada，Kenichi. "Some structural Characteristics of Turnpike" review of Economic Studies，1964，31（January）：43 – 58.

［78］蒋殿春.高级微观经济学［M］.经济管理出版社，2000，188.

［79］徐德云，赵少扬.对纯交换帕累托最优条件的再思考［J］.预测，2003（6）：70 – 74.

［80］Hildenbrand，W. A. Kirman. Equilibrium Analysis，New York：North – Holland，1988.

［81］Debreu G.，H. Scarf. "A limit theorem on the core of an economy," Journal of Economic Theory，1963（25）：269 – 282.

［82］Harrad R. F. "An Essay in Dynamic Theory" Economic Journal 49（March）：14 – 33. Reprinted in Stiglitz and Uzawa，1969，49（3）：14 – 33.

［83］戴伯勋，沈宏达.现代产业经济学［M］.经济管理出版社，2001（3）.

［84］Edwin Mansfield. Microeconomics. 黄峰险，秦岭等译，中国人民大学出版社，1996（511）.

［85］David Romer. Macroeconomics. Second edition, Shanghai Unoversity of Finance & Economics Press，2001（35）.

［86］蒋中一. 动态最优化基础［M］. 商务印书馆，1999（94）.

［87］陈乐一. 对经济周期几个问题的认识［J］. 财经问题研究，2002（8）.

［88］连建辉，邓金堂，王雪苓. 转型期经济周期波动与经济运行势态的新变化［J］. 福建论坛（经济社会版），2002（4）.

［89］徐海俊，徐德云. 我国经济周期形成机制及反周期宏观经济政策分析［J］. 河北经贸大学学报，2003（6）：23－31.

［90］邓宏，孙国庆，薛惠锋. 经济波动研究的历史与展望［J］. 中原工学院学报，2003（2）.

［91］徐海俊，徐德云. 我国经济周期形成机制及反周期宏观经济政策分析［J］. 河北经贸大学学报，2003（6）：23－31.

［92］钱纳里等著，吴奇等译. 工业化和经济增长的比较研究［M］，上海三联书店，1995（133）.

［93］麦迪森. 世界经济二百年回顾［M］. 改革出版社，1996：46－51.

［94］Robert·Barro，Xavier Sala-Imartin 著，何晖，刘明兴译. 经济增长［M］. 中国社会科学出版社，2000：20－28.

［95］吴照银，陈承明. 新经济与美国的经济周期［J］. 财经研究，2002（3）.

［96］刘琳娜. 新型工业化道路与产业结构调整升级［J］. 社会主义研究，2003（3）.

［97］夏茂胜，叶益红，潘国陵. 试论我国工业产业结构调整［J］. 华东大学学报，1999（5）.

［98］谢炳超. 试论工业经济效益的提高与产业结构的调整［J］.

岭南学刊，1999（1）.

［99］孙建娥．科学技术与我国产业结构调整——兼论新型工业化道路［J］．科技与经济，2003（5）.

［100］孙合珍．产业结构变迁和世界秩序重建——历史唯物主义视野中的世界秩序［J］．中国社会科学，2002（3）.

［101］贾晓峰．我国三次产业结构的历史演变及发展趋势［J］．中国统计，2001（9）.

［102］麦伟．对我国农村劳动力转移就业的思考［J］．中央财经大学学报，2003（12）.

［103］周丽．技术进步与产业结构优化透视［J］．社会科学研究，2003（2）.

［104］钱纳里等．发展的模式：1950～1970［M］．经济科学出版社，1988（89）.

［105］麦迪森．世界经济二百年回顾［M］．改革出版社，1996：34－41.

［106］周冯琦．中国产业结构调整的关键因素［M］．上海人民出版社，2003：249－250.

［107］刘元春．经济制度变革还是产业结构升级——论中国经济增长的核心源泉及其未来改革的重心［J］．中国工业经济，2003（9）.

［108］杜育红，孙志军．中国欠发达地区的教育、收入与劳动力市场经历——基于内蒙古赤峰市城镇地区的研究［J］．管理世界，2003（9）.

［109］刘茂松．农业产业发展的制度分析［M］．中央财政经济出版社，2003，26＋62.

［110］白献晓，薛喜梅．农业技术创新主体的界定与特点分析［J］．中国科技论坛，2003（6）.

［111］龚仰军．产业结构与产业政策［M］．立信会计出版社，1999：202－203.

[112] 晔枫,郭霞. 对技术创新与可持续发展相关问题的分析 [J]. 经济问题,2003 (12).

[113] 张景安. 实现由技术引进为主向自主创新为主转变的战略思考 [J]. 中国软科学,2003 (11).

[114] 游光荣. 中国技术产业化的现状与前瞻 [J]. 科技导报,2001 (11).

[115] 卢荻. 外商投资与中国经济发展——产业和区域分析证据 [J]. 经济研究,2003 (9).

[116] 徐德云. 帕累托最优的唯一性与福利定理的修正 [M]. 北京:经济科学出版社,2017 (6).

[117] 黄赞. 产业结构调整与政府主导作用 [J]. 现代企业,2003 (7).

[118] 张向群. 谈产业结构优化与政府作用 [J]. 技术经济,2002 (10).

[119] 袁春晖. 产业结构战略性调整中的政府行为 [J]. 经济师,2002 (12).

[120] Nicola Acocella. 经济政策原理:价值与技术 [M]. 中国人民大学出版社,1998 (198).

[121] 陈丽华. 论产业结构优化中的政府经济职能 [J]. 中共福建省委党校学报,2001 (12).

[122] 郭克莎. 加强政府对产业结构战略性调整的促进作用 [J]. 中国经贸导刊,2001 (1).

[123] 西奥尔多·W. 舒尔茨. 论人力资本 [M]. 中译本,中国财政经济出版社,1991 (45).

[124] 杨公仆,夏大慰. 产业经济学教程 [M]. 上海财经大学出版社,1998 (25).

[125] 姚建峰. 大力推进企业集团技术创新战略的实施 [J]. 经济问题探索,2003 (12).

［126］胡荣涛.产业结构与地区利益分析［M］.经济管理出版社，2001（54）.

［127］邬义钧.论产业结构优化升级与所有制结构调整［J］.中南财经政法大学学报，2003（3）.

［128］徐德云.论信息消费及其函数决定［J］.生产力研究，2003（1）.

［129］任继周，方锡良.中国工业化的历史过程与农业伦理学响应——兼论后工业化的历史机遇［J］.中国农史，2019（3）.

［130］胡伟等.156项工程：中国工业化的起点与当代启示［J］.工业经济论坛，2018（3）.

后　记

早在 1997 年，我留校任教时，所授课程是"西方经济学"；后来我又教授了"产业经济学"课程。在教学中我常常不自觉地把两个课程的理论体系和内容进行对照，渐渐地，我觉得"产业经济学"和传统的经济学理论联系不够紧密，尤其是和宏观经济学理论衔接不够。本书就是以经济学理论为基础，把"宏观经济学"的理论、研究方法和产业结构理论融合在一起，对产业结构优化理论做出一些修正、完善，借此提出了一点新见解。

本书得以完成并出版，离不开很多人的关心和帮助。

首先，感谢我们产业经济学教研团队。在这个浓厚的学术氛围和人文气息中，我的工作、生活宁静而又恬淡。感谢陈阿兴教授、武云亮教授和丁宁教授以及产业经济学团队的其他老师。在本书的撰写过程中，他们一直鼓励和支持着我。感谢我的忘年交叶太平教授，老先生是中文教授，学术造诣很深。在遣词造句方面、语句改动方面，对我有求必应，可惜的是我向老先生请教的太少。

其次，感谢我的硕士生，尤其是已经毕业的叶金龙同学。在这里老师祝你工作生活愉快！感谢肖未末同学，放弃了这个暑假的休息，积极认真地帮助我收集数据，提供文字打印等工作。感谢李佳豪同学为我收集整理文献资料。

最后，要感谢我的家人。至于我的家，不知从什么时候起，反正很早，我对我未曾谋面的祖父，充满怀念！我的祖上几辈，都能算得上是乡村读书人。我的曾祖父讳徐祖璧十六岁获中晚清秀才；我的祖父是一个私塾先生，短暂一生，苦难重重！每当我父亲谈起往事时，总是流露出了一个儿子对父亲的无限怀念，其中更有多少难言的苦涩和无奈！而今，我父亲已于2017年离世，对亲人逝去的悲痛和怀念，永铭于心！

世事茫茫，青山依旧。2018年我又喜得一女，乳名"阅阅"，她大伯赠名徐书悦，殷殷期望，尽在其中。我要特别感谢我的岳父、岳母，感谢我的爱人桑慧卉。你们带宝宝辛苦了！感谢你们给予我的支持，使我能全身心地投入到本书的撰写之中。我还要感谢我机灵、又有点搞笑劲的小宝宝，感谢你不哭不闹讲道理，不挑不拣吃饱饱，有昼有夜睡觉觉，着实让我们省心不少！当然，忙于此书，好长时间没有去看你、抱你了，我的小宝宝，对不起，但你知道吗？我心里非常的想你。等你长大看到、看懂这书时，你会原谅父亲今日对你的怠慢了！此外，还要对我的大女儿徐华亭说，要努力！要奋斗！最后想对我母亲说，要乐观！要积极向上！愿您安康！

作者
2019年7月于蚌埠